歩《ある》く

前川《まえかわ》　満《みつる》

日本文教出版株式会社

岡山文庫・刊行のことば

岡山県は古く大和や北九州とともに、吉備の国として二千年の歴史をもち、遠くはるかな歴史の曙から、私たちの祖先の奮励とそして私たちの努力とによって、現在の強力な産業県へと飛躍的な発展を遂げております。

小社は創立十五周年にあたる昭和三十八年、このような歴史と発展をもつ古くして新しい岡山県のすべてを、〝岡山文庫〟(会員頒布)として逐次刊行する企画を樹て、翌三十九年から刊行を開始いたしました。

以来、県内各方面の学究、実践活動家の協力を得て、岡山県の自然と文化のあらゆる分野の、様々な主題と取り組んで刊行を進めております。

郷土生活の裡に営々と築かれた文化は、近年、急速な近代化の波をうけて変貌を余儀なくされていますが、このような時代であればこそ、私たちは郷土認識の確かな視座が必要なのだと思います。

岡山文庫は、各巻ではテーマ別、全巻を通すと、壮大な岡山県のすべてにわたる百科事典の構想をもち、その約50%を写真と図版にあてるよう留意し、岡山県の全体像を立体的にとらえる、ユニークな郷土事典をめざしています。

岡山県人のみならず、地方文化に興味をお寄せの方々の良き伴侶とならんことを請い願う次第です。

はじめに

「備中吹屋」は吉備高原の西北部、海抜約五〇〇メートルの山あいにある。明治二十二年（一八八九）吹屋、中野、坂本の旧三村がまとまって吹屋村が生まれ、同三十四年に町へ昇格した。昭和三十年（一九五五）成羽町に編入され、平成十六年（二〇〇四）合併で高梁市の一部になった。

吹屋は江戸後期から明治、大正期にかけて、銅山とベンガラ生産で栄えたが、昭和に入って衰退をみせ、第二次世界大戦後の高度経済成長から取り残され、同四十年代に吹屋の鉱山業は消失した。人口も最盛期は五〇〇〇人を超えたが、現在七〇〇人を切った。職場の乏しい山里は、若い世代が流出して過疎となり、老齢化と少子化が深刻な悩みである。

だが、同四十九年に岡山県の吹屋ふるさと村指定をきっかけに、観光による活性化をめざしてきた。同五十二年には残存する町並みが「鉱山町」として、国の重要伝統的建造物群保存地区（以下、伝建地区）に選定され、保存修復事業の進展とともに、観光客が増えている。近年はテレビ、情報誌などで〝日本の美しい村、心やすらぐ里〟と紹介され、県内屈指の観光地になった。吹屋はどんな所か──

初秋の日曜日、JR伯備線の高梁駅前を出発する観光周遊バスに乗った。参加は県内外の一六人。高梁川の落合橋を渡り、国道三一三号線の成羽町井谷から北へ。広域農道（かぐら街道）を経由し、約五〇分で「吹屋ふるさと村」に着く。地元ボランティアガイドの案内で、旧庄屋の広兼邸、銅山の旧笹畝坑道、復元されたベンガラ工場をめぐる。吹屋町並みで昼食休憩後、ベンガラ窯元だった旧片山家住宅と郷土館を見学し、明治洋風建築の吹屋小学校にも足を運んだ。約四時間の観光を終え、帰途は県道八五号線―国道一八〇号線を通り、高梁駅前に戻った。

大阪の女性グループも、倉敷の家族連れも「山深い辺地に、歴史的な町並みが残っているのに驚いた」「保存していくのは大変だろうな」などと感想を語る。吹屋の文化遺産、昔なつかしい風情にふれて、もっとよく知りたくなった。銅山とベンガラ生産はどのような関係か、町並みはいつ形成されたか…。

平成十九年（二〇〇七）は、銅山開山一二〇〇年、ベンガラ製造三〇〇年、伝建地区選定三〇年を記念する節目という。また、同年十一月には、瀬戸内の銅山に関する近代化産業遺産群として「吉岡銅山跡と笹畝坑道、ベンガラ工場」が国の認定を受けた。カメラとメモ帳を手に、じっくり探訪してみよう。

「備中吹屋」を歩く　／　もくじ

◇吹屋ベンガラ物語

◇周辺探訪

表紙／吹屋の町並みをバックに渡り拍子を熱演
扉　／豪華な本長尾家の鬼瓦

吹屋概略地図

白石
県道
案内所
本教寺
旧道
下谷
延命寺
笹畝坑道
至新見
宇治
高倉
国道180号線
県道85号線
県道300号線
至成羽
至高梁

至新見
西江邸
坂本
吉岡銅山跡
本山ロー八山跡
山神社
郷土館
吹屋小
文
旧片山家住宅
高草八幡神社
ベンガラ館
県道33号線
中野
広兼邸
至備中

◇吹屋町並み今昔《いまむかし》

一　下谷《しもだに》

国道一八〇号線の高梁市高倉から、県道八五号線を約一四キロメートル逆上る。緑の深い山間に、忽《こつ》然と赤色の集落が現われた。渓流にかかる小さな木橋のたもとに「銅と弁柄の里」と看板が立つ。吹屋伝建地区の東口、下谷である。赤褐色の石州瓦で葺いた屋根、ベンガラ壁と格子の家が、道路をはさんで数軒並んでいる。

　左手奥の角地、ひときわ大きい田村家は、江戸後期の文化二年（一八〇五）創業から、昭和四十九年（一九七四）まで続いた吹屋最後のベンガラ窯元「福岡屋」である。玄関脇に「岡山県備中国吹屋町弁柄釜元田村商店」と墨書した木札を、今も掲げている。

伝建地区の東口　下谷の町並み

最後のベンガラ窯元だった田村家（右）

田村家の玄関にある看板

田村家の薬医門
後ろに主屋の豪壮な屋根を見る

主屋は安政三年（一八五六）建築の入母屋造り平入り。石州瓦を青海波文様に六段重ねた大棟には、オモダカの家紋入り鬼瓦がすわる。屋根の妻側に桟瓦三枚を並べた箕甲《みのこう》を取り付け、破風には二段のナマコ瓦で白黒模様を描く。石州瓦葺きの塀は、ベンガラ壁の赤と腰板の黒が鮮やかで、重厚な薬医門を構える。

当主の田村教之《たかし》さん（八〇）は、二十五歳で家業を継いだ。すでに地元のローハ山が閉鎖していたため、県外から原料を仕入れ、伝統のベンガラ生産をねばり強く営んだ。裏側にある倉庫棟の作業場では、製品を調合して箱に詰め、荷車で積み出した。土間も柱も、真っ赤に染まったままだ。田村さんは廃業後、吹屋町並

ベンガラで赤く染まった倉庫棟の作業場

み保存会の初代会長などを長く務めた。今なお観光ボランティアガイドとして活躍中。「町並みは地元のベンガラ商がつくったのです」と力説する。

県道の曲り角に「…従是成羽江三里半　新見江四里余　明治廿三年三月建立」と刻んだ碑がある。岡山県教育委員会

吹屋往来の道標

の「歴史の道調査報告書」は、成羽─吹屋─新見をつないだ吹屋往来の道標と記す。現状からみて、道路改良工事で移設されたらしい。それ以前の中世ルートは、下谷集落の裏手で島木川を越し、右岸に沿って本教寺前を通り、白石から郷迫へ抜けていたという。

明治中期の下谷は、最古のベンガラ窯元「橋本屋」など約四〇軒を数えた。だが、今は空家を含めて十数軒に減り、観光バスは素通りする。この県道は伝建地区を外れ、白石を経て一キロメートルほど迂回し、吹屋町並みへ向う。

下谷バス停留所から西へ、伝建地区の旧往来を行く。橋を渡ってすぐ、右手奥に浄土真宗の本教寺がある。江戸初期の

伝建地区にある本教寺

正保三年（一六四六）に開基、山号は金《きん》見《けん》山。銅山で働く鉱夫たちの寺だった。明治期に火災で堂宇を失い、再建されたが、住職の金藤勝勇さんは「寺の文書などが焼失したため、由緒はよくわからない」と言葉少なである。

小さい雑草が一面に生えた山道をたどる。大塚坂と呼ばれ、右側の石積み台地に鉱山師・大塚家の屋敷があった。セイタカアワダチソウが繁茂する中に、二階家屋がぽつんと建っている。約二十年前に町並み保存事業で修復されたが、家主は東京在住なので無人という。また、少し先の左側に、枯れ草ぼうぼうの廃屋がある。せっかく修復したのに、空家のまま放置されてしまった。ベンガラ壁の赤

大塚屋敷地にある石積みと空家

旧吹屋往来の大塚坂
石を埋め込んである

大塚坂から県道（左）へ

がきわ立ち、ひどくわびしい。

竹林と雑木が覆う坂をゆっくり進む。石を並べて埋め込んであるのは、往時の滑り止めか。往来する人、荷を運ぶ牛馬が踏み固めた生活道だったが、すでに足跡が絶えて久しい。約三〇〇メートルを上り切って、県道に合する。

二　下町

なだらかな上り道の中ほど、板塀がある平屋の縁側から、エプロン姿の老婦が「ひと休みしませんか、お茶を入れるよ」と声をかけてきた。笑顔がうれしい。玄関脇に「吹屋案内所」と看板が出ているが、ひかえ目なのは土地柄のゆかしさだろう。

約六〇平方メートルの内部は、床を外した土間で、ベンガラスス塗りの梁、柱があらわ。腰掛けなどは民芸風の落ち着いた空間である。旧成羽町が平成十五年（二〇〇三）秋、明治建築の古民家を解体して復元、展示と休憩所を兼ねてオープン。地元の婦人部が二人ずつ交代で番をしている。

「大塚坂をのぼってきた」というと、老婦たちは「だれも行かないが、通れましたかね」と、ちょっと驚いた様子。吹屋へ嫁にきて、独り暮しになった人もいるが、物知りなので会話が弾む。

毎週定休の月曜日には、ベンガラ染め教室を開く。ベンガラを溶かした液に布をつけ、よくもみ、水洗いし、天日で乾燥という作業を繰り返す。「吹屋ベンガラは無いので、化学製品を使っているが、

吹屋では珍しい平屋の吹屋案内所

案内所の内部
レトロ調の空間である

美しいベンガラ色のスカーフやノレンをこしらえる。吹屋のお土産品になればいいね」と、なかなか元気である。

道の南側は崖で、鞍部の取っかかりに吹屋で唯一現存するカヤ葺きの森下家がある。〝峠の一軒家〟の懐かしい風情だ。杉木立を過ぎて、JAや木材所、それに空地が目につく。一般駐車場前の林家は、江戸末ごろの平入り二階建て。ベンガラ格子に結んだ説明板に「先住は親子二代、昭和四十年ごろまで蹄鉄工場を営む。繁栄期は、物資運搬用の馬が広く飼われ、蹄鉄打ちは多忙だった」。モータリゼーションが急速に進み、家屋は改造されて、外観も様変わりしている。

少し先から、江戸後期に建築された切妻造りの家々が続く。町並みの保存修復事業によって、狭い道に面した一階の軒瓦を二枚ほど除いて、バスが通れるようにした。表側に格子を取り付け、ベンガラ壁に改めて外観を整えた、日向家は奇怪な面のような菊紋入り鬼瓦、緑青《ろくしょう》が生じた玄関灯。昭和五十年ごろまで営業していた旧水野旅館は、軒下に『御やど』と優しい文字が名残を留めている。右を見て、左を見て、そぞろ歩くうちに、ゆったりとした吹屋の時空間に、自分がとけ込んでいく。

空地をはさんで、城井田《きいだ》家は棟が高く、妻を白壁で装う。説明板には「江戸末期、ベンガラ仲間だった大黒屋（大国屋）が建てた」とある。たまたま出合っ

ベンガラ染めに精出す婦人たち

カヤ葺きの一軒家

昭和40年ごろまで蹄鉄工場

下町を通行するバス　道幅ぎりぎりである

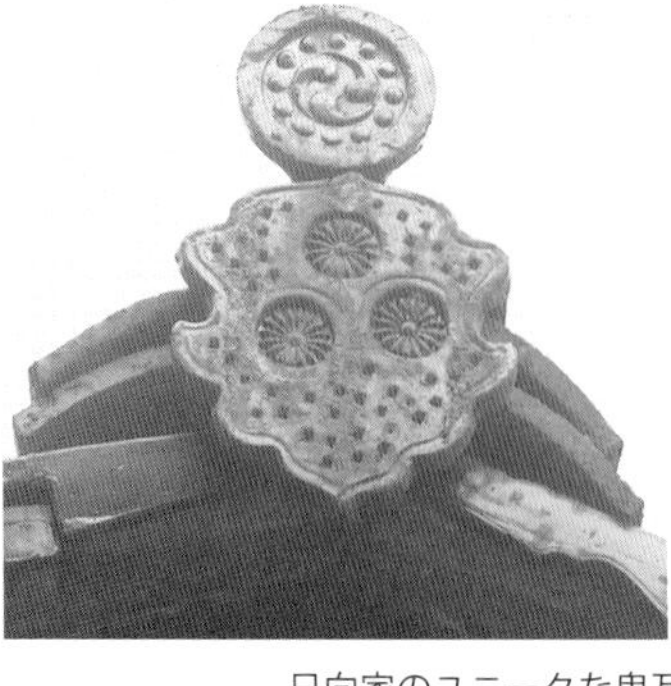

日向家のユニークな鬼瓦（左）と玄関灯（右）

た当主の智さんは話好き。「第二次世界大戦中に精米所を営むため、下谷から引っ越してきた。下町は鉱山で働く人たちが大勢住んでいたが、昭和四十年ごろに次つぎと転出し、空家が増えたので買い取り、米ヌカを利用して家の中でニワトリを飼った。いま残った世帯はせいぜい老夫婦で、独居もいる。精米は仕事にな

旧水野旅館のしるべ

妻が白壁の城井田家（左）と軒灯など（右）

らなくなった。この家は老人の集会場に貸しているので、下谷の黄金山にあやかって黄金荘にしたんだ」。また、大黒屋と名入りの軒灯について、「本片山の胡《えびす》屋で、壊れていたのをもらった。よく見たら、頭部に商標の仐印が入っているだろう。吹屋のいろんな古物を集め展示しているよ」と、表側の雨戸を開く。ガラス棚に、セルロイド製のキューピーなど各種人形が並んでいた。

　向かい側の川本家は、江戸末の平入り二階建て。格子の縦線がすっきりと美しい。大正末から小間物屋を営み、二階右側の手摺は物が出し入れできるように開閉式という。

　下町はここらまで。

すっきりと格子が美しい川本家

三　中町　①

　とくに境界はないが、公民館より上《かみ》の約二〇〇メートルを中町と呼んでいる。道の左側に、入母屋造り妻入りの本二階建てが三軒並ぶ。手前の赤木家は軒下に、すすけた「松栄館」の看板がかかる。昭和四十年ごろまで料理旅館を営んでいた。明治中期の建物で、先住も伊予屋という旅館だった。隣二軒は一階がそれぞれ観光土産物店、休憩所である。

　筋向かいの吉川家は、江戸末期に建った切妻造り平入りの二階建て。大正末から昭和四十年ごろまで、父子二代で理髪店を開いていた。もとは栩木屋という旅館だったらしい。一階玄関口を中心に左

旅館を営んでいた赤木家

〝左右対称〟の吉川家

右のバランスがいい。隣の雑貨店は、北回り道の分岐点にある。伝建地区選定の記念碑が立ち、観光客が多く集まってくる。また、町並みに進入した大型車が、すれ違える唯一の場所なので、観光バスの立ち往生騒動がよく起こる。

昼時。北に約五〇メートル、田舎ソバが名物の「吹屋ふるさと村休憩所」へ。昭和五十一年（一九七六）、開村式に来た知事の「吹屋に食事処《どころ》がほしいな」という声で開設された。有志の食堂組合が、地元の主婦を雇って営業している。

吹屋で醸造された濃いめの醤油を使った鶏がらのだし汁に、細切れ豆腐と山菜など具だくさんの二八ソバである。素朴な味わいで、量も多くて満腹だ。台所の女性は「毎朝その日のソバとうどんを打ちます。うどんは薄めの醤油で、イリコと昆布のだし。天ぷら付きです。こちらも試食してください」。心あたたまる出会いだった。

ついでに足を伸ばして、銅栄寺跡をたずねる。切り通しの道端にある説明板に、「創建は泉屋（住友）が銅山稼ぎを始めた延宝八年（一六八〇）。諸国から集まってきた人々の祈願所で、毘沙門天、薬師如来などをまつった。昔は観音堂といわれたが、明治二十八年（一八九五）吉岡銅山の盛業により銅栄寺と呼ばれるようになったらしい」と記している。

名前からみても、銅山の繁栄期に創建

中町の分岐点から下町の方へ

北回り道の分岐点

吹屋ふるさと村休憩所

銅栄寺跡の大師堂　中町の家並みが見える

照り映える中町の瓦の波　遠くに天神山

されたのだろう。旧成羽町史には「嘉永四年（一八五一）に堂宇が完成し、昭和十五年ごろまで住職がいた。吹屋八十八ヶ所大師めぐりの第一番札所としてにぎわったという」とある。

石段を上がると、吹屋弘法大師巡拝霊場百年記念塔と刻んだ碑が立ち、傍らのお堂に小菊が供えられていた。周辺は無縁墓が多く、鉱夫らの青山だったのか。

引き返す道すがら、中町の家並みの屋根が、重なるように展開しているのを望む。天神山を遠景に、赤褐色の石州瓦がきらきらと複雑に輝いていた。

三　中町　②

ベンガラ窯元の本家、分家が軒を連ねる町並みの主要部に入る。歴史的な建造物群は絶好の被写体で、どんなアングルからも絵になる。それに、吹屋往来は道幅を広くしてあるので、のんびり散策できる。まず、道の左側から見ていこう。

ベンガラ色が鮮やかな吹屋郵便局。明治七年（一八七四）七月に開局してから三代目の局舎である。平成五年（一九九三）の建築で、町並みの景観を守るために、向かって左側は旧呉服屋を、右側は旧局舎を撤去して、以前あった民家をもとに復元された。ノレンがかかる玄関脇に、郵便事業開始の明治四年ごろ

中町の家並みをスケッチする人も

古民家風の吹屋郵便局

向かい側から見る仲田家

に使っていた書状集箱と同型の黒いポストがある。

空地をはさんで、シックなたたずまいは仲田家である。叶（川野）屋というベンガラ窯元で、天領だった吹屋村の庄屋を二代務めた。江戸末期に創建の主屋は切妻造り平入り。二階の外壁が黒しっくいで、左右の虫籠《むしこ》窓は白い土格子。玄関の左側にしゃれた出格子があり、右側の土台に牛馬をつなぐ丸い金具が残っている。

いったん戻って右側を――。

分岐点角にある中山家は、江戸後期に建築の切妻造り平入り。低い屋根だが、破風のケバラに数段重ねた塗り込みの白

外壁の装飾が美しい中山家

いライン、二階の壁面を飾る七宝模様のナマコ壁が美しい。また、入口右側に塗り込めの戸袋などがあり、左官の腕のさえがみえる。屋号は中野屋といい、もとはベンガラ窯元で、明治・大正期は醤油屋だった。今は、近隣の人たちが山野草の鉢などを持ち寄る〝サロン〟で、観光客との交流場にもなっている。隣は空家を利用した町並みのギャラリー。写真展などを開いている。

　次から長尾系が三軒並ぶ。まず、東長尾家は、明治期のベンガラ窯元五軒の一つ。主屋は同中期に建てられた切妻造り平入り。一、二階とも左側が格子の地味な外観である。店の間の表側は、上部が外へ持ち上がる半部《はじとみ》格子で、框《かまち》に飾り金

外見は地味な東長尾家

東長尾家の框の飾り金具と土台の牛馬をつなぐ金輪

具、土台に牛馬用の金輪が付いている。

「手づくり醤油」のノレンをかかげる新長尾家は、江戸末期に建築の切妻平入りの主屋と、背後に明治二十四年（一八九一）に増築した妻入りの三階建て醸造場がある。もとは酒造業が主だったが、昭和二十七年（一九五二）から醤

醤油醸造の新長尾家

油専業になった。吹屋で古くから続く唯一の製造業として、町並みに活気をあたえている。

　本長尾家には喫茶「楓」の立看板が出ているが、もとは吹屋屈指のベンガラ窯元「長尾屋」である。江戸末期に建った切妻造り妻入りの主屋は、どっしりと低く構えている。正面の大屋根に豪勢な鬼瓦を据え、二階の外壁は虫籠窓に木格子をはめ、その上側を七宝模様、左側と右側を四半張りのナマコ壁で装飾する。よく見ると、玄関左手の柱に駄馬をつないだ金具がある。また、主屋左側に明治初め、くぐり戸付きの長屋門を増築し、裏には大正期のベンガラ倉、鉄倉、離れがある。

本長尾家は江戸初期に吹屋へ定着。中国山地のタタラで産する鉄の問屋を営むほか、銅山で使用する燃料の薪炭、照明の油も取り扱った。幕末からベンガラ窯元になって財を成し、明治二十年ごろ酒造も始めた。

先代の隆さん（故人）は早稲田大政経学部を中退し、大正九年（一九二〇）に二十三歳で家業を継ぎ、大阪や東京でも吹屋ベンガラの〝荷主さん〟と呼ばれて活躍した。だが、昭和九年（一九三四）に一家の事情で廃業、大阪へ転出した。第二次世界大戦の終結で帰郷後は、郷土史の研究に励むとともに、吹屋ふるさと村の初代村長を長く務め、町並み保存と再生に尽力した。昭和六十一年（一九八六）没。表の軒下に歌碑がある。「さびれゆく街も翁の願いにて槌音高く生きかえりおり」と刻む。

現当主は長女の有子さん（七九）。両親といっしょに帰郷後の昭和二十一年（一九四六）、吹屋小学校に〝手伝い〟で務め、教員免許を取得してから定年まで三十二年間、主に低学年を担任した。夫と死別、娘三人は東京、広島に住んでいて、独り暮しだが、父の志を継いで吹屋ふるさと村の三代目村長である。また、玄関を入った土間を改装して喫茶店を営み、観光シーズンの休日には、裏の築山や水車がある庭を開放し、茶道仲間と接待にあたっている。

「昔は、山水を溜めて、風呂や洗濯に

どっしりと構えた本長尾家

豪勢な鬼瓦と美しいナマコ壁

長尾 隆さんの歌碑

本長尾家の庭でお茶の接待をする地元の婦人たち

本長尾家の庭

使った。銅分が含まれているので、白い手ぬぐいはひと月で黄緑に、ふた月で緑色になったよ」「母が岡山の酒造家から嫁にきたとき、成羽でタクシーを人力車に乗り替えた。嫁入り道具の長持、布団箱、琴など行列が下町まで続いていたそうよ」「吹屋はとても教育熱心で、みんな子どもを大学へ進学させる。だから吹屋はいま人貧乏。なんとか、生きている街の姿を復活したい」

吹屋の〝生き字引〟といわれる有子さん、話はつきないのである。

三　中町　③

ここから片山系の四軒。そのうち、本家は国指定重要文化財「旧片山家住宅」、分家の「角片山家」は郷土館として、内部も一般に公開されている。

片山家は、二百二十年余り続いた吹屋ベンガラの老舗だった。江戸中期の宝暦九年（一七五九）に創業、屋号を胡屋という。浅治郎を代々襲名し、分家に対して「本片山」と呼ばれた。安政二年（一八五五）に原料のローハ生産も始め、最盛期は三ヵ所でベンガラ工場を稼働させ、大坂や伊勢、芸州、長州などに手広く出荷していた。

道に面した主屋は、一七〇〇年代末ご

ろに創建の切妻造り平入り二階建て（一部三階）。江戸後期から明治中期にかけて、西側に佛間棟、宝蔵、座敷棟を。さらに明治三十一年（一八九八）後方の南側にベンガラ棟と仕事棟を増築した。家業の発展とともに建物規模が拡大し、裏門外にも道具蔵、玄米蔵、材木蔵などがあった。

初代淺治郎は吹屋弁柄家業株仲間の総代になり、三代目は苗字帯刀を許された。明治十年（一八七七）四代目は東京・上野公園で開催された第一回内国勧業博覧会で、ベンガラが品位最良の一等賞に輝いた。八、九代目はともに吹屋町長を務めた。

昭和二十六年（一九五一）にローハ生産が止まった後も、化学工場の硫化鉄を用いてベンガラ製造を続けたが、同四十六年（一九七一）で廃業した。平成八年（一九九六）から無住となり、県外在住の十代目当主が同十四年、旧成羽町に邸宅を寄付した。

敷地総面積約二〇〇〇平方メートル。近世ベンガラ商家の典型的な建造物といわれ、吹屋町並みの中核である。平成十五年から伝建保存事業の修復にかかり、完工した主屋を同十七年八月から公開している。同十八年十二月、店構えの主屋と付属施設の計五棟、それに文政十三年と安政二、七年の家相図計三枚が国指定重要文化財になった。

表通りから見ると、主屋と宝蔵が三段

三段に構成された旧片山家住宅　二階の独鈷型ナメコ壁が目立つ

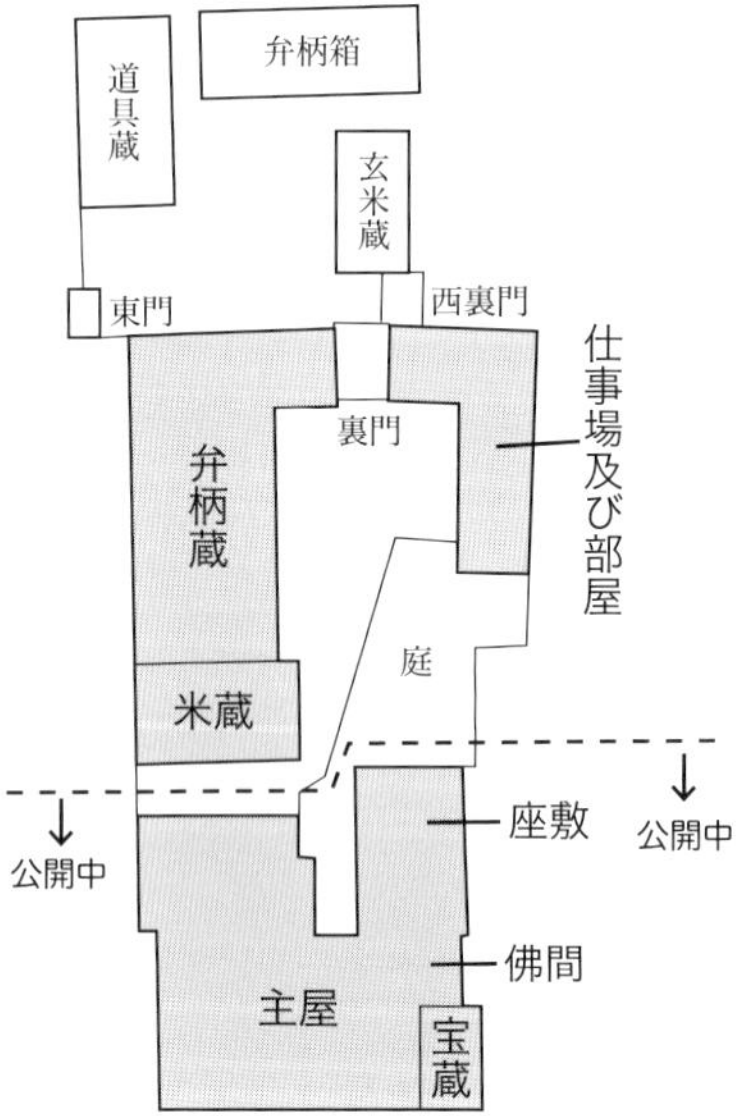

旧片山家住宅　配置図

に連なり、全体の外観は整っている。主屋の店側に出格子を設け、框に飾り金具が付いている。屋根が低いつし二階の外壁は黒しっくいで、木格子をはめた虫籠窓の左右に、奇抜な独鈷形のナマコ壁が長短に並ぶ。玄関左側に粋な造りの半格子がある。

中に入る。間口は延べ一〇間（約十八メートル）だが、奥行は四〇間もある。土間の右手は店の間で、当番の婦人が「ゆっくり見学してください」と迎える。左手のケースに、磁硫鉄鉱とローハ、焼成した半製品、ベンガラの見本などを展示。壁には、江戸期のベンガラ製造場之図、博覧会一等賞の褒状とエビスをあしらった宣伝ポスターが張り出してある。

主屋の店の間

胡屋の宣伝ポスター

ベンガラ製造工程を示す見本

土間を通って奥へ。吹き抜けの台所には、四連の竈《かまど》がすわり、土管を八本つぎ足した煙突が立っている。

店舗部分から住居部分へ。調度品はないが、佛間の華美な佛壇、欄間の精巧な透かし彫り、上座敷の電灯の家紋入りガラス笠や、房付き吊り金具の装飾などに、豪商の贅《ぜい》がみられる。納戸の急な箱段を頭をかがめて二階へあがる。従業員らの部屋が無駄なく配置され、常ひごろの生活ぶりがしのばれる。

外へ出て裏へ回ると、付属施設の修復工事をしていた。平成二十年度も引き続き、南門と塀などを復元する予定。これらが完成すれば、ベンガラ商家の全姿を見学できるという。

斜め向いにある郷土館の角片山家は、本家の総支配人・片山嘉吉が、明治七年（一八七四）から五年かけ、石州大工の手で建築した入母屋造り平入りの二階建て町家である。間口五間（九メートル余）、奥行一六間（約三〇メートル）と、吹屋で中くらいの大きさだが、山持ちの本家の材木蔵から良材を選び、主屋の土台と外側にはクリ材、縁や敷居にサクラ材、ほかは松の巨材を使っている。豪壮と巧緻を表現した明治期の木造建築の傑作といわれる。

昭和五十四年（一九七九）、旧成羽町が神戸在住の当主（医師）から借り、郷土館として一般公開するようになった。

外観は、白しっくいの破風が三角形に

華美な佛壇

台所の竈

本片山の家紋入り鬼瓦

座敷の美しい電灯

裏では平成 19 年度の修理工事が進む

郷土館（角片山家）

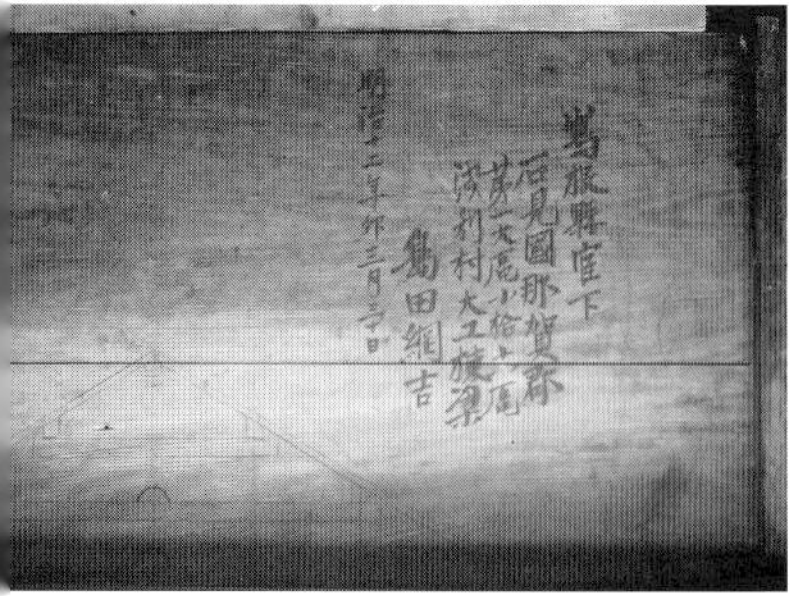

角片山家を施工した石州大工の板図

玄関脇の骨太の格子
框に飾り金具がつく

立ち上がり、一階と二階の前面に骨太なケヤキ材の格子がはまり、端整な姿である。框などの飾り金具も意匠にこり、鉄鋲を打った格子に、ベンガラの赤味がかすかに残っている。

玄関を入って、右手の壁に「島根県宦《かん》下《か》　石州那賀郡第一大区小拾六区　浅利村大工棟梁　島田綱吉　明治十二年卯三月三十日」と墨書した板図がかかる。土蔵二階の梁上で見つかった板図四枚のうちの一枚という。土間はこの地方産の法《ほう》曽《そ》石を平らに敷き詰めている。また、左手の店の間と店奥は、天井の太い大引きなどにベンガラススを塗り、落ち着いた感じ。古い柱時計の振子が静かな時を刻んでいる。

台所から土間を見る

法曽石を敷き詰めた土間

奥へ続く土間には、家人が動き回った足跡の凹凸がそのまま。明かり窓から薄日がこぼれ、使用人専用の箱段と下駄箱、吊り戸棚、台所の鉄釜、火鉢、手鍋や鉄瓶を置いた竈などが、往時の生活臭を放っている。

上がり框から座敷へ通る。透かし彫りの欄間などは黒漆、床の間の柱や違い棚などはベンガラで、美麗に仕上げている。次の佛間には、はめ込み佛壇と神棚が〝同居〟する。店奥と居間、佛間で囲む坪庭があり、三方の雨戸は採光と風通しのため、回転式に開閉できる仕掛け。三坪ほどの庭には、コケむした石灯籠を置き、ササなどを植えて、安らぐ空間をつくっている。

台所の隠れた箱段で二階へ。女中部屋、納戸、居間など六部屋ある。表側は目の粗い格子を通して、やわらかな陽光が畳に差し込んでいる。しばらく座っていたくなった。

西隣の中片山家（中胡屋）は、江戸末期に建築された入母屋造り平入り。外観が角片山家と似ており、二軒並んで見栄えがよい。二階全面に格子を付け、玄関口のまくりあげ大戸が完全な形で残る。明治期は薬屋を営み、大正初めから第二次世界大戦が終わる頃まで銀行代理店をしていた。現在は無住である。

次のベンガラ商だった旧北片山家は、江戸末期の切妻造り平入り二階建て。本

坪庭を囲む回転式の雨戸

二階の表側　格子から差し込む光がやさしい

坪庭の上は石州瓦葺きの屋根に空間がある

中片山家（手前）は角片山家と外観が似る

旧北片山家も無住である

長尾家が一時所有したが、昭和二十六年（一九五一）に柴田家が買い取り、日用雑貨店を営んでいた。今は廃業し、表のガラス戸にカーテンがおりている。

この辺りの標高は約五一〇メートル、中町が見通せる。一軒一軒それぞれに、歴史を誇っているように思う。

町並みの最高地点から中町を見通す

四　千枚

千枚駐車場へ向う県道と分かれ、旧道に入る。その角の土産物屋は、もと山内家である。明治初期の入母屋造り妻入り二階建て。鬼瓦のデザインは山と内の字を組み合わせている。三菱商会の吉岡銅山に、鉱夫の扶持米を納める米問屋だった。大正末にベンガラ化学工場を和気郡佐伯町で始め、別荘に使っていたが、その後は民宿や店舗に貸している。

筋向かいの防火貯水槽そばに、大塚家の別宅がある。東京から末裔が時おり帰省して、門構えの玄関に生花を飾っている。隣の藤森食堂は、昭和四十年（一九六五）まで洋風建築の吹屋郵便局。

県道から見た山内家
右手が中町、左手へ千枚

山と内の字をデザインにした鬼瓦

寄棟造りで、白いペンキ塗りの横板張りだった。郵便局が中町へ移った後の空家を、昭和五十六年（一九八一）に外形を保って改修された。

道はS字に曲がって、ゆるやかに下る。右側のかかりは、サクラの古樹がある小川家。江戸末期の切妻造り平入り。もと枝屋という家号の油屋だった。修復された住居の玄関に、ベンガラ染めのノレンがかかる。

次の吹屋資料館は明治中期の切妻造り平入り。吹屋町役場（合併後の成羽町吹屋支所）として昭和四十八年（一九七三）まで使用。空家だったのを改修し、地元の民俗資料を集めて、昭和五十五年にオープンした。「自由にお入りください」とあるので、ガラス格子戸を開ける。一階は消防ポンプ車、荷車、山神社の神輿…。二階には鉱石やベンガラ見本など、未整理のまま雑然としている。

道端の基壇に、狛犬が座っている。鉱山師・大塚家が江戸中期に創建した山神社である。総ケヤキづくりの本殿は、精巧な彫り物が見事だったという。火災で焼失したが、江戸末に再建され、村人も「さんじん様」と呼んで崇敬した。明治六年（一八七三）に三菱商会が願主となり、境内は整備されて、春秋の祭礼もにぎわい、明治三十五年（一九〇二）には人気役者の歌舞伎公演が催された。だが、昭和に入って銅山が衰退し、よりどころ

もと吹屋郵便局を改修した食堂

ベンガラ染めノレンがかかる小川家

旧町役場だった吹屋資料館

雑然とした館内

の神社はさびれていった。

急な石段をのぼると、台地の奥に小振りな本殿が、木柵の中にぽつんと鎮まる。千鳥破風付き入母屋の銅板で葺いた屋根は、濃いベンガラ色に染まり、けばけばしく感じる。すでに祭神の神体は、近くの高草八幡に合祀されて不在。引き返すとき、石段脇の玉垣や鳥居の扁額に〝三菱印〟を見つけ、むなしさがつのった。

狛犬が見守る通りの向かい側には、きれいに修復された数軒の家屋が並び、表札の出ている家もあるが、いずれも不住のようだ。観光客の姿はなく、ひっそりしている。

道端に座る狛犬

山神社の本殿

石垣に刻まれた三菱印

鳥居の扁額上に三菱印

家並みの外れの柚木家は、江戸末期の切妻造り平入り。もと鳴戸屋といい、銅山が栄えた明治期は米屋を営んでいた。表側に低い縁台があり、客らが一服していたのだろう。

この先で旧道は北回りの新道と接続して下り、坂本へ行く県道に合流する。明治二十八年（一八九五）調べの絵図をみると、これら道の両側に約七〇軒が連なっている。鉱夫が仕事帰りに一杯やる居酒屋、用具を整える鍛冶屋など、鉱山で生きる地区だったという。昭和二十六年（一九五一）五月の大火で、千枚西の二七戸、四六棟が焼失し、今も空地ばかりが目につく。

もと米屋の柚木家

千枚東の通りは終わる

千枚西地区　火災後の空地が目立つ

五　町並み保存会

吹屋町並みは昭和五十二年（一九七七）五月、下谷から下町、中町、千枚まで約一・五キロメートル、六・四ヘクタールが「鉱山町」として、国の伝建地区に選定された。平成二十年（二〇〇八）一月現在、三八道府県の六八市町村に、宿場町や城下町、港町、門前町、茶屋町、商家町、農山漁村集落など計七九の伝建地区がある。その中で吹屋は、第一次（昭和五十一年）の京都市祇園新橋、長野県南木曽町妻籠、岐阜県白川村萩町など七地区に続く。また、鉱山町は島根県大田市・大森銀山（昭和六十二年十月選定）と二カ所しかない。岡山県内では倉敷市・倉敷

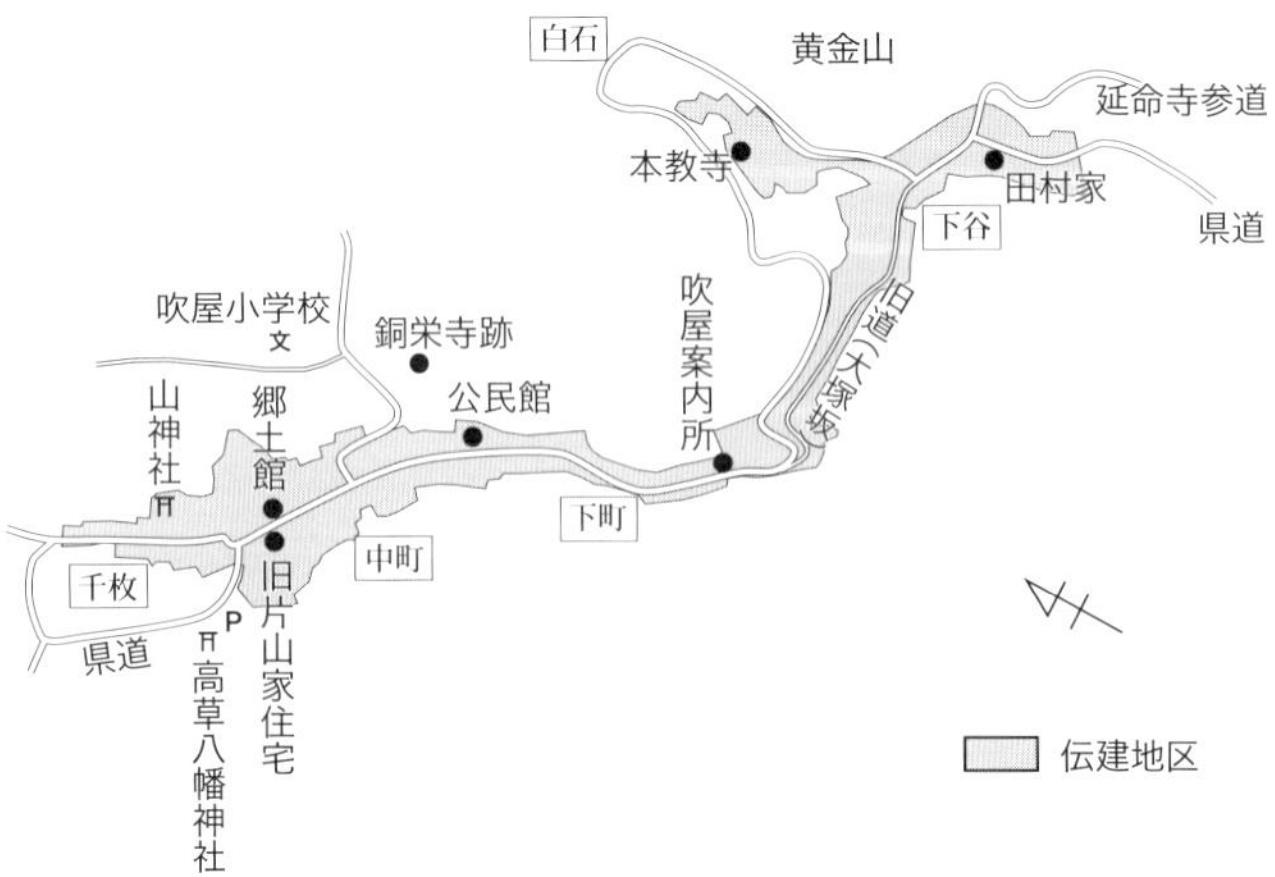

伝建地区区域図

川畔の商家町」（昭和五十四年五月選定）が二番目になる。吹屋は、由緒ある文化遺産の価値と、住民らのふるさと再生を願う熱意が、全国でもいち早く認められたのだ。

成羽町教育委員会の吹屋町並み調査報告書は当時の状況について「住宅六七棟のうち二〇棟は使われていない。現住の世帯は四八（一一〇人）、年金や子の仕送りで暮らす世帯が多い〝斜陽の町〟である。しかし、空家と倉、旧役場、旧郵便局などを含む六一棟は伝統的景観が残っている」と記述する。

成羽町は吹屋町並み保存条例を定め、地元には吹屋町並み保存会が発足した。当初の会員は伝建地区の家主ら七七人（うち一九人が東京、神戸など地区外に在住）だった。

伝建保存事業は個人負担が一〇％で、国六五％と町（市）二五％の補助という仕組み。家主は修理、修景の要望を保存会に出すと、大学教授や文化財専門委員らの伝建保存審議会が対象家屋を選定し、教育委員会に現状変更と補助を申請する。許可されると、家主は設計、施工業者を決め、教育委員会が完工するまで監理にあたる。

ずり落ちそうな屋根の石州瓦を葺き替えたり、崩れた土壁をベンガラ壁に直したり、外側に格子を取り付けたり…。町並みの再生は、不在家主も協力して着実に進んだ。貯水槽などの防火施設、街路

伝建地区の碑

灯、案内標識も整備された。

保存会は、年会費一〇〇〇円と施工家主の寄付金（事業費の一％、現行二％）を基に、会報発行、説明板などの設置、全国伝建地区協議会のセミナー参加、各地の視察研修旅行、吹屋消防団との防火訓練、毎月の消火栓点検など活動している。平成二年（一九九〇）には岡山県の第二回おかやま景観賞を受けた。伝建選定から四半世紀を経た同十四年、初代会長の田村教之さんは会報に「町並みを保存修復していくことが、吹屋再生の最後の切り札と思って取り組み、ようやく観光の見所に成長した。私の夢は、空家や空地の無い昔日の町並みです」と書いている。


伝建保存事業は合併後の高梁市が引き継ぎ、平成十九年度には旧片山家住宅の付属施設工事、中町の旧バス車庫改修工事が行われた。これまでに家屋修理は一〇〇件を超え、総事業費も一一五億円を上回るという（市教委調べ）。町並みは見違えるほどきれいになり、「夢街道ルネサンス」の看板が出ている。だが、二代会長の小川 博さんは「近年は国の方針で家屋の解体修理がすすめられ、事業費は年に一軒分の一〇〇〇万円くらいと少なく、家主が要望する部分修理が難しくなった。それに最大の悩みは空家対策です」と話す。

平成十六年秋の不在家主二四人に対す

るアンケート調査では、自己管理が六人しかなく、保存会任せと賃貸希望が各五人、売却希望が三人。あとの五人は「朽ちても仕方がない」という。自分の空家を修復して定年退職後にUターンした人もいるが、世代交代による空家も増えた。すでに修復家屋一棟が無住のまま倒壊した。事態はなかなか深刻である。

保存会は、お盆の墓参りに帰省する後継者の集いを開いたり、空家の賃貸、売却を奨励して新入居を呼びかけたり、短期借家として夏の避暑利用、画家らのアトリエ誘致をはかったり…いろいろ工夫努力している。また、吹屋にいる身内や近所が空家のカギを預かる〝風通し運動〟にも取り組んでいるが、雨戸を開閉する労力が大変なうえ、用心の目配りを欠かせない。現在、会員は当初より一六人減って六一人(うち在住三八人)である。

町並みを歩いてみて、閉め切られた空家が目につく。観光客が去った後は、映画のセットの様でもある。

世界遺産にもなった大森銀山地区は、谷底に細長い二・八キロメートルの町並みだったが、伝建選定二〇年の平成十九年八月、山の稜線にまで区域を広げ、当初の五倍の一六二・七ヘクタールになった。周辺の畑や石垣、小祠などの自然環境も含めて保存するねらいという。吹屋地区でも銅山発生にまつわる白石、町並みが連続していた千枚西などを加入できないものかと思う。

◇吹屋の銅山盛衰記

一　銅山発生一二〇〇年説

下谷集落を通り過ぎてすぐ、県道端に「黄金《こがね》山城」と、小さい説明板がある。車では見落としがちだが、その文に「後方の小高い山に城があった。（中略）この裏の北側を大深《おおぶか》谷といい、銅山発生の地であり、大深千軒といわれるほど繁栄した」と記す。「吹屋」の地名は、もともと銅を吹く所を表したのだろう。黄金山は、こんもりと碗を伏せたような姿で、雑木がうっそうと茂り、登れそうにない。

北へ約三〇〇メートル。白石バス停留所の周辺に石州瓦葺きの家屋が数軒ある。作業着のお年寄りに「大深の銅山跡へ行けますか」とたずねる。水車大工の清水弥太郎さん（八七）で、釘を使わない伝統技法の腕を持ち、地元のベンガラ工場をはじめ、近畿や四国にも出かけて、精米場、搾油場などの水車を作った。「大深では他所の酪農家が牧草をつくっているだけで、だれもおらん。銅山の古い間《ま》歩《ぶ》なら、すぐそこにもある。付いてきなさい」と先に向かう。島木川の渓流沿いに山道を一〇〇メートルほど上り、清水さんは斜面の凹みを指さした。坑口は土砂が崩れてわからないが、「夏は涼しい風が穴からふき出してくる。気をつければ、銅を吹き立てたガレ場や間歩跡が見つかるよ」と。この道は北方、舟舗など

下谷集落の後方に黄金山

県道脇に立つ黄金山城の説明板

雑草の茂みにおおわれた旧間歩跡
夏は涼風がふき出すという（白石で）

を迂回し、現在の吹屋小学校近くにいたる〝銅山ルート〟だった。

吹屋の観光パンフレットなどには、銅山の起源を「平安初期の大同二年（八〇七）」とし、平成十九年秋には開山一二〇〇年記念の式典をあげた。

地元の鉱山師、大塚家が所蔵する江戸期の文書に、「大同二年草創　発山にて、千年に及び相続…」と、寛政三年（一七九一）の久世代官あて答申がみられ、これが通説の有力な典拠らしい。だが、大同二年開坑説は全国各地の銅山で伝承されている。

平安初期の『延喜式』には「銅鉛返鈔凡備中、長門、豊前等国」「凡鋳銭年料銅・鉛者《は》備中八百斤毎年繰送」と記されている。備中国で鋳銭用の銅が生産されていた所が、吹屋かどうか不明である。

また、大塚家文書の中で、文化元年（一八〇四）の記述に「発山のとき銀山にて、古間歩吹所の旧跡が黄金山の後ろ、大深谷に残っている。銅山に成って四百年余…、そのころ当国は石賀城主安原氏の領地で、黄金山の南麓で銅屋庄右衛門が始めて吹立て…」（文は要約）とある。応仁二年（一四六八）の遣明船では、備中守護が被官の安原氏に、交易用の銅を調達させたのだろうか。

室町後期には、山陰の雄・尼子氏の武将、吉田六郎兼久が黄金山に城砦を築き、銅山を支配し、吹屋村の吉田孫一と松浦五衛門に請け負わせた。江戸中期に編集された地元の『御山鑑』には「永禄年間（一五五八―六九）まで、大深谷に数百の人家連らなりて社寺、遊女町、その他軒を並べ上京下京と称し、商家七座の棚を飾りて市をなす」と、大深千軒の繁盛ぶりを記している。

十六世紀初め、群雄は軍資金源の鉱山開発につとめる。たとえば周防の大内氏は大森銀山を博多商人に請け負わせ、骨灰を炉に敷き詰める骨灰法を導入して増産に成功、中国・明との勘合貿易で巨富を得た。一方で鉱山の利権争奪が激化して、いよいよ戦乱時代になる。

備中では、安芸の毛利氏が成羽・鶴首城の三村氏と結んで勢力を伸ばし、尼子

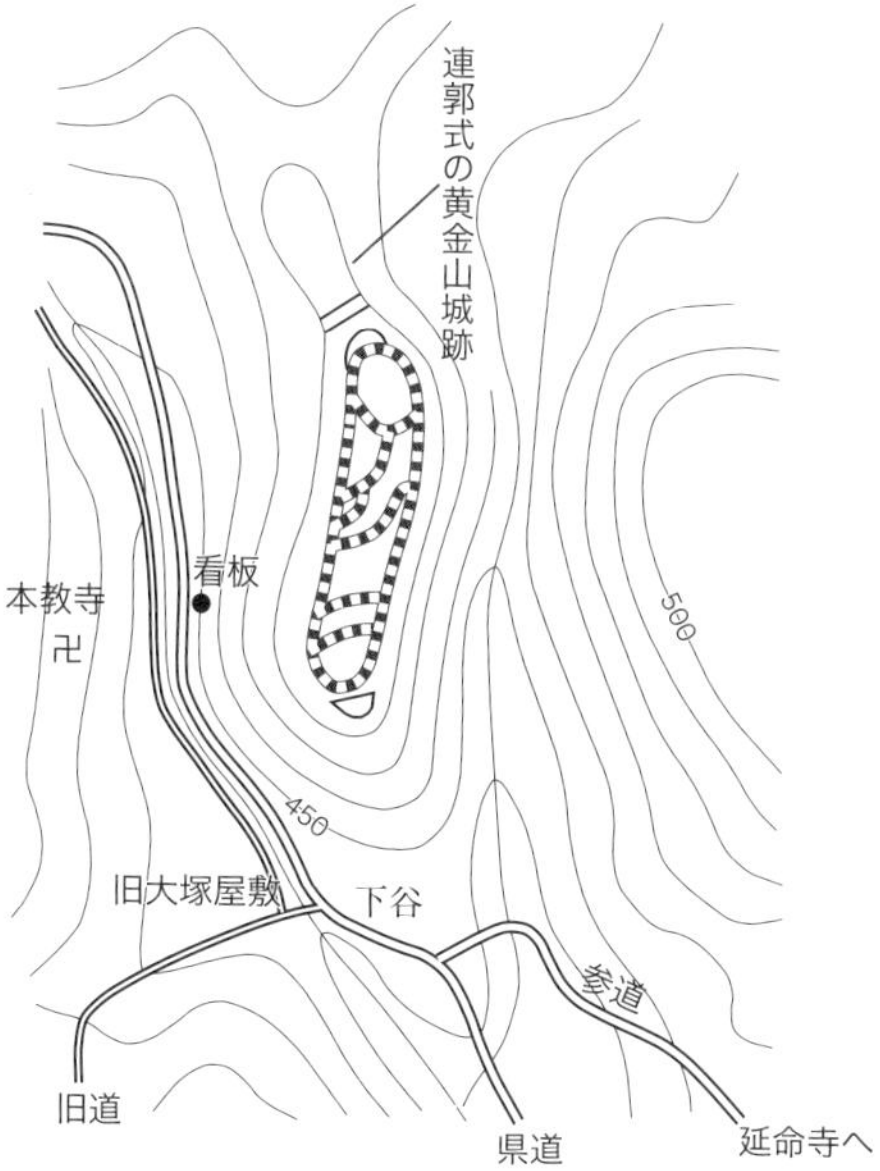

連郭式の黄金山城跡

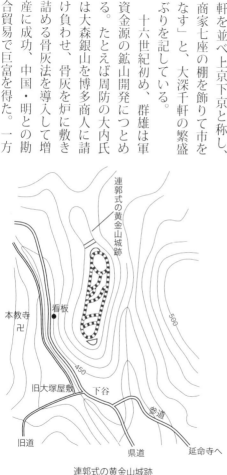

氏を圧迫するようになった。銅山の吹屋は、山陰と山陽をつなぐ戦略的な拠点でもある。永禄六年(一五六三)十一月、毛利勢は黄金山城を攻め、城主の兼久は敗れて討ち死にした。

標高約五〇〇メートルの山頂部には、南北一三〇メートル、東西九メートルの区域に、十壇の連郭式山城があったといわれ、今も石積みが残っているらしい。また、大深千軒も夢幻の昔語りである。下谷から延命寺へ行く参道の山側に、兼久開基の青源寺があったが、すでに跡も失せている。

吹屋町並みの中町から北へ約一〇〇メートル上る裏山の墓所に、兼久を供養する小ぶりな墓石塔がある。風雪にさらされて形が崩れ、銘は読めない。傍らに「近江国佐々木氏の分かれ、愛智郡吉田郷を拝領、地名に因み吉田氏を名乗る…」と刻む碑が添えられている。

中町の裏にある吉田兼久の墓碑

二　吹屋を救った大塚家

十六世紀後半の吹屋銅山は、白石から北西部に広がり、石塔（関東）銅山と呼ばれていた。山稼ぎの鉱夫が諸国から流入し、毛利氏の備中松山城代は取り締まりのために、銅山役所を設けて山法も定めた。

天下統一を成し遂げた豊臣秀吉は、全国の主な銅山を直営の御手山にした。関ケ原合戦（一六〇〇）を経て江戸時代となり、備中代官として小堀正次が松山城に入る。後を継いだ政一（遠州）は元和二年（一六一六）、銅山を吹屋村に払い下げ、地元の鉱山師・大塚伊兵衛を頭取に任じた。同四年から二〇年間は、山崎氏の成羽藩が銅山を支配し、領内の有力者七人が経営にあたった。池田氏の備中松山藩に銅山が預けられた後、寛永十九年（一六四二）幕府の天領に戻り、備中倉敷代官が管轄した。正保三年（一六四六）には、佐渡の金山で最も隆盛な吉岡山にあやかり、吉岡銅山と改称された。

江戸初期の寛永—延宝年間（一六二四—一六八一）は、大坂や泉州堺、江戸などの銅山師が次つぎに入山し、業績をあげたが、いずれも長続きしなかった。他国の銅山師は、渡り鉱夫たちを使い、請け負った間歩を乱掘し、狭い坑道の入口付近に炉を置いて吹き立てた。鉱床が枯渇したり、深く掘り進んで悪水が湧いたりして、採算が取れなくなれば投げ出した。

銅は重要な輸出品だった。各地の産出銅は大坂銅吹所に送られ、インゴット（棹銅）となり、長崎出島で中国、オランダと交易された。幕府は銅山開発を奨励し、増産を督促していた。天和三年（一六八三）大坂の豪商・泉屋吉左衛門（住友家三代の友信）が吉岡銅山の経営に起用された。増益策として、従来の請負制を歩合制に改め、運上は出銅の一割を銀納することにした。また、元禄四年（一六九一）坑道の悪水を中野村の川筋へ抜く全長二百間（約三七〇メートル）の排水路を通した。間歩は五〇ヵ所以上に増え、産出量が飛躍的に伸びた。粗銅は駄馬に積んで成羽へ運び、川船で高梁川を下り、玉島から海路を大坂へ送られた。倉敷代官は銅山の出入口に口屋番所を設け、出銅見分役らを配置した。

吹屋の銅山稼ぎは約一〇〇〇人を数え、鉱夫長屋ができ、日用品を扱う商人、鍛冶などの職人らが集まってきた。俗謡に

「吹屋よいとこ　金掘るところ
　掘れば掘るほど　金吹くところ」

と歌われ、西日本一の銅山に発展した。

ところが、泉屋は元禄十一年（一六九八）九月、にわかに操業を休止した。幕府から存続要請を受け、同十五年六月に一万両を拝借して再開、坂本村の川筋へ排水路工事に着手したが、岩盤にはばま

れて難航し、新鉱床も見つからなかった。享保元年（一七一六）とうとう吉岡鉱山を廃業し、かねて開発中の有望な伊予の別子銅山へ移り去った。

山里の吹屋は田畑が乏しく、銅山不振は村民の死活問題だった。鉱山師の大塚理右衛門（宗俊）は、泉屋が休業していた時期も、庄屋と力を合わせて銅山を稼働し、村の急場をしのいだ。享保七年（一七二二）見捨てられた銅山経営に再び立ち上がった。村稼ぎによって活気が戻り、支配の大坂代官は「御出役所」を置き、常駐役人が日々の出銅高を記録するようになった。理右衛門は寛保二年（一七四二）、高齢を理由に引退した。

そのあと、京都銀座などが銅山を受け継いだものの、たちまち立ち行かなくなり、大塚家は実質的な経営を担った。泉屋が中断していた坂本村へ七百間余（約一・三キロメートル）の排水路を完成させ、採掘できるようになった。宝暦十二年（一七六二）には、備中一の宮・吉備津神社の参道松原入口に石鳥居を建立。また、銅山守護の金山彦命を祀る山神社を千枚に創建するなど、家運は大いに栄えた。宗俊と尹重、定次郎の父子で四十二年間操業した。

後任の請負人がなかなか見つからなかったため、庄屋の仲田家が銅山稼ぎを務め、村人の暮らしを守った。天明三年（一七八三）やっと大坂の小橋屋が請け負った。が、幕府の拝借金を坑道の悪水汲み上げに使い果し、出銅が減って休山状態になり、村はさびれてしまった。

同八年（一七八八）美作久世代官の早川正紀は備中兼任になり、大塚家に銅山復興を託した。定治郎と兵十郎父子は、捨て鉱滓のカラミをもう一度選別し、古い間歩に残る鉱を掘り集め、丹念に吹き立てて出銅を増やした。大坂（東区大塚町）に出店を持ち、富豪として名をあげ、倉敷連島の新田開発に参入するなど活躍した。

寛政四年（一七九二）兵十郎は新坑道を開くため、延長六六〇間（約一・二キロメートル）の排水路工事に着手。その

吉備津神社参道松原口に建つ大塚家寄進の鳥居

資金には、早川代官の働きで幕府への運上銀を充てると共に、同額の冥加金を支出した。第一期は千枚まで順調に進んだが、第二期は大幅に遅れて、文政十三年（一八三〇）に完成した。大塚家は膨大な出費で身代が細り、銅山経営の続行が難しくなって、弘化四年（一八四七）に請負を返上した。

幕末の嘉永―元治年間（一八四八―一八六五）は、庄屋など有力者が営業したり、備中松山藩が御用商人らに請け負わせたりしたが、慶応三年（一八六七）に休山。近世まで続いた手掘り時代の限界だった。一方、吹屋村は銅山との関連で始まったベンガラ製造が発展し、窯元の商家を核に町並みが形成されていた。

中央が大塚宗俊の墓

下谷の県道脇にある大塚家の墓所

大塚家は近江の出身。山陽道の市で知られた備前福岡（瀬戸内市長船町）から吹屋村下谷に移住、家号を「福岡屋」と称した。代々の当主は理右衛門を襲名。江戸中期から吉岡銅山の経営に延べ一二〇年余も尽力し、村民の苦境をたびたび救った。鉱山業を辞めた後は医家へ転進、吹屋の町医者を三代つとめた。

下谷の大塚屋敷跡は荒涼として、昔の栄光を偲ぶものはない。集落の東外れ、県道脇に大塚家墓所がある。石段を上り、白い練塀の門を入ると、正面の基壇上に理右衛門宗俊の墓石が立ち、周りに一族が眠っている。

三　荒涼たる吉岡銅山跡

明治の御一新で、政府は富国強兵、産業振興を柱に近代国家づくりをすすめる。土佐出身の政商、岩崎弥太郎（三菱商会）は、海運業で財力を蓄え、鉱山業にも進出する。明治六年（一八七三）備中松山藩預かりの吉岡銅山を買収し、竪坑などに近い吹屋小学校の現在地に「吉岡銅山鉱業所」を開設した。当初は鉱区一〇四坪（三四三平方メートル）、従業員一六六人という出発だった。

ドイツ、フランスから来日中の技師を雇い入れ、火薬爆破法や洋式削岩機を導入して、前時代の行き詰まっていた銅山の刷新をはかった。竪坑の排水と、鉱石搬出のために同九年、一四〇メートル低い坂本村の大谷切から水平に、横穴式通洞（三番坑道）の建設工事を始めた。一〇年余りかけて延長一・二キロメートルを完成させ、竪坑などの深掘りが進み、出鉱が増大した。大切谷に選鉱場、洋式溶鉱炉を備えた精錬所、管理棟などを建設し、同二十六年に吹屋の鉱山本部を移した。以前は掘り出した粗鉱をそのまま吹き立てていたが、選鉱場で六センチ大に砕き、銅の含有度が高い精鉱を人手で選別し、生産効率を向上させた。周辺の笹畝、北方、小泉など乱立していた鉱山を次つぎ統合し、備中備後の鉱山も買い取り、事業規模を拡大していった。

同三十六年十月、備中町笠神に吉岡銅

明治・大正期の主な鉱山地　▲印

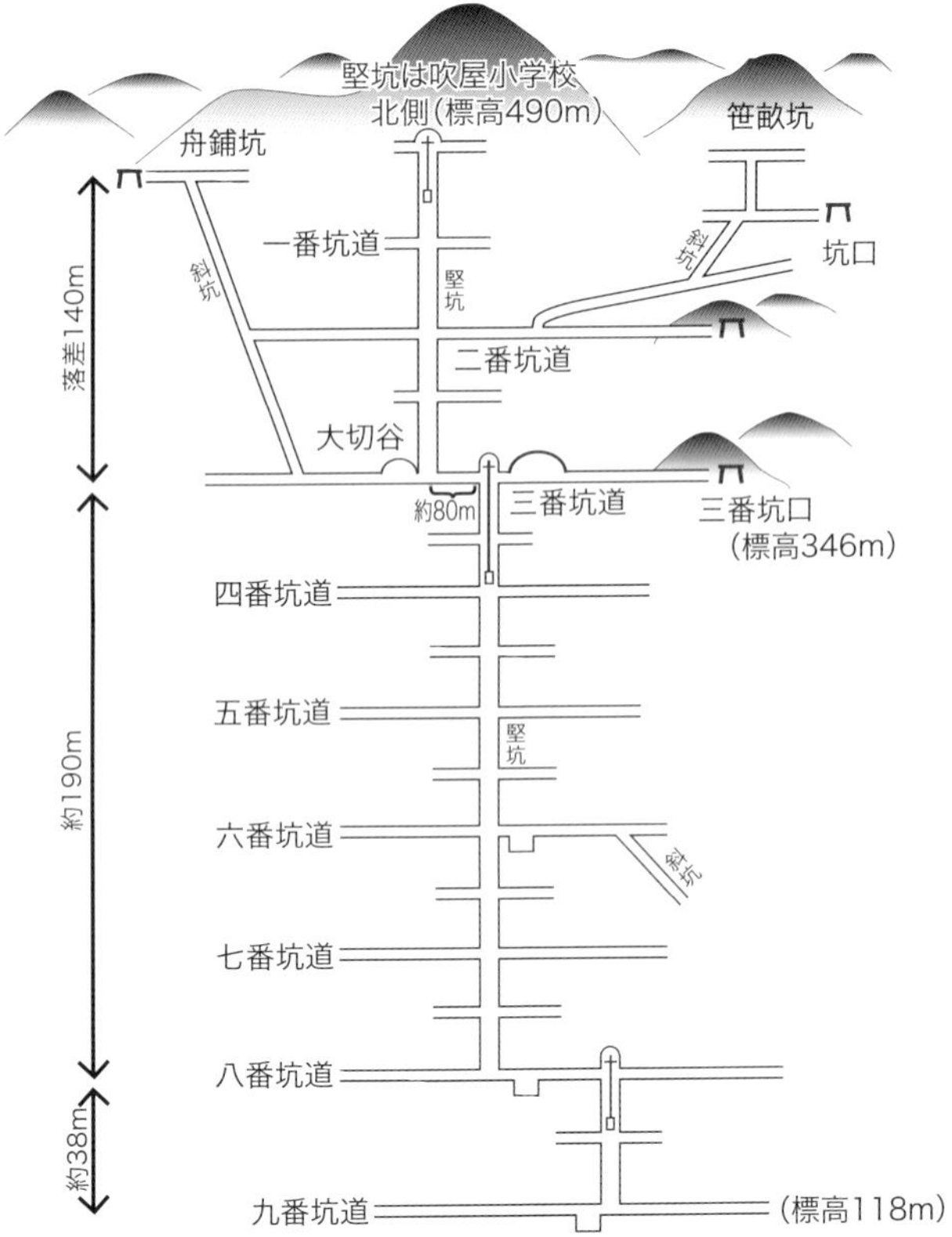
堅坑は吹屋小学校
北側(標高490m)
舟鋪坑
笹畝坑
一番坑道
斜坑
堅坑
斜坑
坑口
落差140m
二番坑道
大切谷
約80m
三番坑道
三番坑口
(標高346m)
四番坑道
五番坑道
堅坑
約190m
六番坑道
斜坑
七番坑道
八番坑道
約38m
九番坑道
(標高118m)

吉岡銅山の坑内断面図

山専用の水力発電所（出力三六〇キロワット）を建設した。岡山県内初の水力発電所で、当地方の電化より一〇年も早く銅山社宅に電灯がつき、鉱石搬出用の電車やインクライン（運搬リフト）が可動した。同四十一年九月には成羽—田原間一六キロメートルのトロッコ軌道が敷設された。さらに大正三年（一九一四）備中町川井に第二水力発電所（出力五六〇キロワット）をつくり、同八年にトロッコ軌道が田原から坂本まで延びて、銅山と成羽町古町プラットホームを結ぶ輸送体制が整備された。

　日清、日露戦争の特需景気もあって明治三十七年（一九〇四）、従業員数は最多の一五九〇人になり、同四十四年は銅生産が最高の一〇四二トンを記録した。鉱区面積は四七八二平方キロメートル、坑道の総延長は七三・六キロメートルに達し、日本三大銅山といわれた。

　一方、明治二十七年ごろから精錬で発生する亜硫酸ガスの煙害が深刻化し、農作物や山林の被害を訴える地元民と補償紛争が起きた。その対策として、精錬場より三三〇メートル上方の山頂に、高さ四五・五メートルの大煙突を建立し、山腹に一八七〇メートルの煙道を築造することになった。請負業者一〇人が工区を分担し、同三十年九月から一年間の突貫工事で完成させた。近辺の煙害は解消し、山林七・六ヘクタールに松、杉の苗木一〇万本を植えた。だが、煙害は遠い地域に広がり、トラブルは続いた。また、大正五年（一九一六）六月、集中豪雨で鉱滓（からみ）溜めの沈殿池が決壊し、土石流のために坂本の住民ら一五人が死亡、行方不明となり、家屋九棟が倒壊した。

第一次世界大戦後は銅価が急落し、不況にみまわれる。生産は頭打ちになり、従業数が半減した。大正九年（一九二〇）ごろ、ローハとベンガラの製造工場を付設し、収益回復をねらった。だが、世界恐慌の昭和四年（一九二九）主力の銅生産高が七二トンに下がり、同六年三月ついに休山した。

そのあと、吉岡銅山の経営は、帝国鉱業開発会社に託されたが、第二次世界大戦の終結で立ち消えた。同二十五年から吉岡鉱業会社が第二坑道などで採鉱を再開したものの、業績不振で同四十七年に停止、ここに名銅山の歴史は幕を閉じた。

吹屋町並みから県道を西へ約一キロメートル。「吉岡銅山跡へ五〇〇メートル　大型車不可」という案内板を見つけ、曲がりくねった急な山道を下る。

大切谷の現地はだだっ広い廃墟で、荒涼とした風景だった。「いらっしゃいませ、ここが吉岡銅山遺跡群です」と立札があるが、傍らに「歩道は完全に整備されていません。草むらのマムシにご注意」と張り紙も。目標物が見当たらず、銅山の全体像がイメージできない。どちらへ

県道から吉岡銅山跡へ向かう降り口の看板

向かえばいいのか、ひとり途方に暮れていると、数台の車がやってきた。高梁市が募集した銅山遺跡見学の一行約二〇人である。さっそく仲間に入れてもらう。

坂本まちづくり委員会の郷土史研究者らが、古い写真を手に案内する。大切谷は今春、坂本地区の約一五〇人が三日かけて雑草を刈り取り、じゃまな雑木を伐採し、ようやく立ち入り可能になったという。

右手の平地に、切り石を積んだ高さ二メートル余、縦約五〇メートル、横二五メートルほどの竪牢な沈殿槽がある。内部は草ぼうぼうで、大正期の決壊事故後に築造したのだろう。左前方の山腹には、選鉱場の擁壁と、山頂の大煙突につな

石積みの沈殿槽　後方に天神山系を望む

山腹にある選鉱場跡

山頂の大煙突に通じだ煙道の残骸

銅山跡を見学する参加者たち
右下の雑木林にベンガラ工場があった

がっていた煙道の残骸がある。だが、下方の斜面一帯に建っていた精錬場やローハ・ベンガラ製造場、事務所、社宅、病院などは跡形もなく、雑木林と化している。

山の北側に広がる雑草原の中に、三番坑口に通う電車の石造トンネルが露出している。かつては、選鉱場から排出されるズリ石がうず高く堆積し、約二〇年で満杯状態になったため、上空に索道を設け、二八〇メートル離れた姫原谷へズリ石を運んでいた。

そのまま奥へ向かうと、山あいのどん詰まりに三番坑口跡があり、水がこんこんと流れ出ている。吉岡銅山のメイン通洞だったが、崩壊した坑口に錆びた鉄格

石積みトンネルの残骸　第三坑口から電車が通っていた

崩壊した三番坑口　わき水が流れ出ている

三番坑口付近　右上は戦後の選鉱場跡

子がはまり、近づくことはできない。右上方の倒壊した建造物は、戦後に操業していた選鉱場跡で、近くにクモの巣だらけの廃屋がある。

鉱山跡には自然の荒廃があるだけで、人も物もなんにも無い。地元の委員らは「三菱が撤収したとき、銅山施設を残すように要求すればよかった」と嘆く。参加した吉備国際大学の若者たちは「銅山遺跡は予想以上に荒廃している。近代の産業遺産といっても、物が無ければ銅山の姿がよく分からない。観光地にするなら、せめて全体図や解説板を設置してほしい」と、率直な感想だった。

四　広大なドームの笹畝坑道

「幕府御用銅山　笹畝坑道」いかめしい看板が、吹屋ふるさと村の周遊路に立っている。江戸末ごろ、旧中野村の井ノ辻北麓に開発された笹畝鉱山の本坑道跡である。明治十二年（一八七九）三菱商会が経営する吉岡銅山の支山になり、大正末まで操業を続けた。昭和初めに休山、その後は見捨てられていたが、同五十二年（一九七七）岡山県ふるさと村事業で坑道の一部（二五〇メートル）が復元整備され、公開している。

管理事務所で黄色いヘルメットを着用し、守護神の小祠を置いた坑道口から入る。両側の岩肌はじっとり濡れ、しみ出

「幕府御用銅山」の看板

笹畝坑道口と管理事務所
中腹に江戸期の精錬跡がある

坑道の通路

坑道内の広大なドーム

照明に光る黄銅鉱（左）と磁硫鉄鉱

ドームにある人形

二番坑に通じる斜坑口

ドームから上坑口へ向かう上り階段

る乳白の滴が足元の溝にたまっている。坑内と外気の気温差はいつも一五度という。所どころ腰をかがめて進む。いきなり大きなドームが開ける。蛍光灯の照明で、露出した黄銅鉱が青緑色にあやしく光る。茶褐色の部分は磁硫鉄鉱か。岩棚のあちこちに、ちょん髷に野良着の人形が数体、坑内作業ぶりを演出しているが、どうも実感がわかない。

手掘り時代の坑道は、高さ三尺二寸(一〇五センチメートル)、幅二尺二寸(七三センチメートル)と、人がくぐり抜けられるぐらい。明かりといえば、割り竹を束ねた「明竹」や、脂《やに》の多い「松明」、貝殻に種油と燈心を入れた「燈貝」である。狭くて暗い、油煙のこもる坑内で、鉱夫はノミとツチで鉑《はく》筋を這うように掘り進み、見習いの手子がカズラ編みの背負いかごに鉱石を入れ、坑口まで運び出していた。それは命を削るような地底の重労働だった。

さらに坑道を五〇メートル余り奥へ行くと、左手下に斜坑口がある。明治になって、火薬爆破や削岩機の使用で採掘量が増え、この斜坑から吉岡銅山の第二坑道へ鉱石を落としていたという。

その先は鉄柵があって行き止まり。ドームまで引き返し、コンクリート造りの急な階段を約一〇〇段のぼって上坑口に出る。数メートル上の雑木林の中に、旧間歩の跡がぽっかり口を開けている。管理事務所へ下りる通路の中ほどに、明

上坑口近くにある古い間歩跡

治十年ごろまで精錬していた床場跡があり、黒い鉱滓が斜面に散らばっている。

江戸期は、鉱石を選別した荒鉑と薪を交互に積み重ね、板石で囲って一五～二〇日蒸し焼きにする。斜面を掘った半円形の穴に、粘土と炭灰で固めた炉(大床、土窯)をつくり、焼鉑と木炭を入れて十二～二十四時間、荒吹き立てる。炉口から溶け出した荒銅と、炉底の鈹銅を土窯(小床)に入れ、フイゴを使って真吹きする。でき上がった正味銅は、大坂の幕府・銅役所に送られた。

当番勤務の小谷光義さん(七五)は「事務所周りの縁石は、昔の鉱滓を利用しているんや。観光客は気が付かんけどな。土窯じゃ荒鉑の一〇%ぐらいしか銅がで

江戸期の床場　鉱滓が堆積している

きんから、鉱滓にまだ銅分が残っている。溶けた石の表面に、緑青が出てるやろ」と裏話をして、黄銅鉱の小塊をくれた。きらきら輝く石を手のひらに乗せ、ふと小学生の頃、母に買ってもらった鉱石標本を思い出した。あれは〝宝箱〟だったなあ。

事務所周りの縁石（↑）　焼けただれている（↓）

◇吹屋ベンガラ物語

一 偶然見つかった赤

ベンガラは酸化第二鉄を主成分とする赤色の顔料。広辞苑には「Bengala オランダ語 インドのベンガルに産するからいう」と記す。弁柄、紅殻は当て字である。

縄文時代の三内丸山遺跡（青森市）や鳥浜貝塚（福井県若狭町）で出土した赤漆塗りの櫛。九州北部に多い装飾古墳の横穴式石室、壁面に見られる赤の彩色など、ベンガラは有史以前からの顔料だったらしい。だが、由来については、ベンガルの赤土が中国を経て入ってきたとか、鉄分を含む粘土を焼いて作ったらしい、山火事や野火で天然ベンガラができたのではないか—と、あやふやなのだ。

吹屋では、江戸中期の宝永四年（一七〇七）を〝ベンガラ事始め〟としている。

言い伝えでは、下谷の橋本屋の主がある日、火鉢の中で異臭を放つ石くれを、庭先に投げ捨てたところ、雨の水たまりが赤く染まった。また、炭焼き人が窯に混入していた小石が熱で赤変するのを見た。天然ローハ（緑礬）を乾燥させた白い粉でオシロイを作ろうとして、赤いベンガラになった、と諸説がある。

いずれにしても、偶然の発見がきっかけになり、ローハが生じた磁硫鉄鉱を焼くと、赤いベンガラができることを知った。有力者の橋本屋、森屋、銅屋などが次々に焼窯を設け、地元の銅山で不用になった磁硫鉄鉱を原料にベンガラづくりに着手した。

　また、宝永四年に下谷を訪れた鉱山師が、その技法を伝えたという記述がある。が、確証はなく、この説にはベンガラ誕生のロマンがない。

　宝暦元年（一七五一）坂本村の本山銅山で、良質な磁硫鉄鉱の露頭が発見された。大庄屋の西江家が開坑し、地元の豪農・谷本家と共同で、長門国大津郡から鉱山師・原弥八を招き、人工ローハの製造に成功する。採掘した磁硫鉄鉱を焼き、熱湯をかけて硫酸鉄分を溶解させ、その液を煮詰めて結晶にする方法だった。


山中に四ヵ所の稼場を設け、ローハ生産に乗り出す。寛政二年（一七九〇）に中野村の庄屋・広兼家も経営に参加。三家

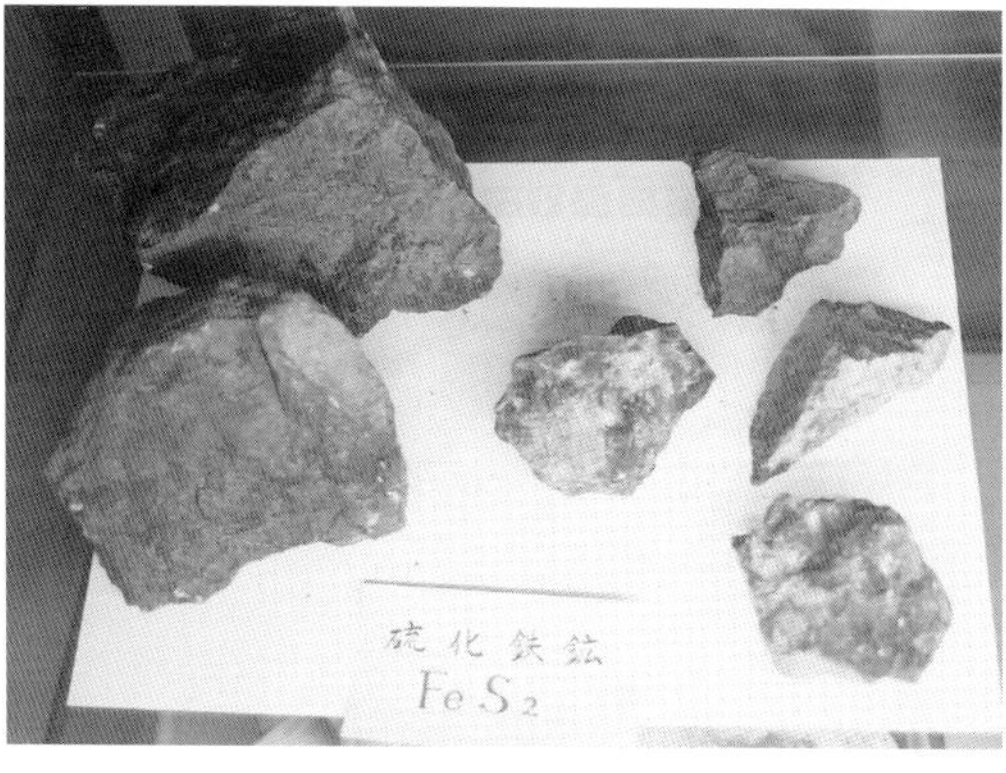

磁硫鉄鉱

は雇人の給銀、薪や俵の買い取り値段、数量などを取り決め、結束して生産体制を整えた。製品は一六貫（六〇キログラム）入りの俵二個を駄馬に積んで、それぞれにベンガラ工場へ届けた。盛期は年間一万俵にものぼったという。

一方、ベンガラ稼ぎは、宝暦九年（一七五九）の胡屋（片山家）を皮切りに、吹屋の資本家が相山、舟舗、大深の山間に製造工場を開設した。寛政十一年（一七九九）地場産業を奨励する早川正紀代官の指導で、稼ぎ人五家（後に六家）が株仲間をつくった。年間行事役を選び、過当競争を防ぐためにローハ仕入れ量、ベンガラ価格などを統制して、共存共栄をはかった。

製品は窯元のベンガラ倉（作業場）で箱詰めし、吹屋往来の成羽まで駄馬送り。高瀬舟に積み替えて、成羽川―高梁川を下り、玉島港から瀬戸内海の回船で大坂などへ運ばれた。精製された吹屋特産ベンガラは、品質と色合いが優秀で、鉄くずから製造する大坂産の「鉄丹」に勝った。有田・伊万里焼の赤絵付け、能登・輪島の赤漆器など各種工芸にも広く使用され、全国シェアに拡大した。

明治初期の稼ぎ人は胡屋（片山家）、長尾屋（長尾家）、東長尾屋（東長尾家）叶屋（仲田家）、福岡屋（田村家）で、ローハ三家と共に巨財を築いた。江戸末から昭和初期まで、物流拠点の吹屋は銅とべ

ンガラ景気にわき

「場所じゃ場所じゃ。吹屋は場所じゃ
　東城やせ馬　くる場所じゃ」

とうたわれ、大いに繁栄していた。

だが、第二次世界大戦後の昭和三十年（一九五五）ころ、化学肥料の生産過程で出る酸化鉄から、安価なベンガラが量産されるようになった。伝統手法の吹屋ベンガラは、山里の交通不便に伴う輸送費や、薪炭の燃料代がかさみ、工業製品に太刀打ちできず、次々と廃業に追い込まれた。同四十三年にローハ山の生産は止まり、同四十九年には最後のベンガラ工場が閉じた。

二　閉鎖されたローハ山

本山鉱山はどうなってるのか、ローハ生産跡があるのか―。高梁市観光協会吹屋支部に問い合わせたところ、「鉱山跡では神戸の飲料水会社が取水している。県道三三号線を南へ行くと、ミネラルウォーターの幟が並んでるよ」とのこと。晩秋の日曜日、坂本下組の現地をたずねる。

県道東側にある会社への進入路は、途中で鉄柵の門が閉まっていた。近くの畑にいた谷本　渉さん(七七)が「いつもは、大きなポリタンクを積んだトラックが出入りしているが、今日は休みや。だれもいないよ。ローハ山は自宅の裏だから、案内してやろう」と気軽に応じ、いきなり雑木林の急斜面をのぼり始めた。あわてて後ろに続く。

低木の下枝をつかんで体を引き上げ、落ち葉に足を取られながら進む。たちまち息が切れ、汗がふき出す。谷本さんはクマザサをかき分け、「ここらにも窯跡があったが、荒れ放題でわからなくなった」という。藪漕ぎすること約二〇分。鉱石を焼いた炉跡の石積みと、数メートル離れて煙突の残骸が、雑木の茂みにあった。

かつて、ローハの稼場では――

斜面を利用して炉を築き、いくつかの焚き口ごとに薪の束を立て並べ、その間に砕いた磁硫鉄鉱石を積み上げる。まず一番端の焚口に火を入れる。約三〇日で鉱石は赤熱し、硫黄分が無くなり、一つのブロックが焼き上がる。冷ました焼石を取り出した後、隣の焚口に点火する。このような焼成作業を順ぐりにしていく。

焼石は桶に入れて、熱湯を注いでかき混ぜ、不純物を沈殿させる。酸化鉄が溶解した褐色の上澄み液を釜に移し、まる一日煮沸する。その濃縮液をウルシの木（酸性に強い）で作った桶に入れて置くと、一～二週間で凝固し、黄緑色のローハができる。鉱石一〇〇貫（三七五キログラム）でローハ約三〇貫を得られるが、燃料の薪が一五〇貫も必要なうえ、昼夜兼行のつらく厳しい労働と、多くの日数

急斜面を藪漕ぎしてのぼる

窯跡は荒れて分からない

鉱石を焼いた炉跡の石積み

煙突の残骸が雑木の中に

がかかった。

松の倒木が転がる疎林をのぼり、飲料水会社の取水施設がある平場に出た。前方のはげた斜面には、松がぽつぽつ再生し、坑口跡が見える。谷本さんは「県外の鉱山会社が戦前から戦後にかけて銅を採掘していた。そのときの捨て石が堆積し、谷間が埋まってしまった」という。

さらに左上方をめざす。松の根元

に、馬頭観音像の碑が立つ。「嘉永六年（一八五三）正月六日、俗名横田梅平」と銘がある。重荷を運ぶ馬の安全祈願なのか、山道で死んだ馬の供養なのか、手を合わせる。

　もうひと踏ん張りと、谷本さんに励まされ、なんとか付いて行く。雑木の奥に、磁硫鉄鉱を露天掘りした跡があった。えぐられた茶褐色の鉱床に秋日が当たり、

銅を採っていた跡　上方に坑口跡が見える

ローハ山に残る馬頭観音像の碑

磁硫鉄鉱の採掘跡　左手前の表面に天然ローハが生じている

表面のあちこちに白い結晶が生じている。天然ローハである。初めて実物に触れ、自然の営みの妙に感動した。

相山のベンガラ工場へ通じる尾根筋で、ローハ製法を伝えた泉 弥八の墓碑を見つけた。「右緑礬山　草分俗名弥八　宝暦元年（一七五一）」と、刻まれた文字がやっと読める。谷本さんは倒れていた碑を抱き起こし、「だれも来ないもんなあ」とつぶやく。

すでに本山は飲料水会社の所有となり、自由に立ち入れない。ローハ生産のわずかな痕跡は、荒れ果てるままに消滅してしまうのか。吹屋のベンガラ史にとっても残念である。

ローハ山の尾根筋にある弥八の墓

稼場かがあったローハ山の谷筋
下方の建物は飲料水会社のもの

三　復元されたベンガラ工場

淡い黄緑色をした結晶のローハが、どのようにして赤い粉末のベンガラになるのか―。吹屋ふるさと村を巡る市道から、相山の脇道を約二〇〇メートルのぼり、「ベンガラ館」をたずねる。

かつて、渓流と燃料の赤松林に恵まれた谷筋には、窯元の片山、長尾、田村各家が計四ヵ所の製造場を設け、本山のローハ山と尾根道が通じていた。昭和四十九年（一九七四）に操業が止まったが、最後まで稼動した田村工場跡に、ベンガラ生産工程を紹介する施設が復元され、昭和六十一年から公開している。

江戸期の「片山浅治郎（胡屋）辨柄製造場之図」をみると、

稼場は南向きに開けた山間にある。中央奥に煙をふき上げる焼窯場。谷水を引き入れた桶がずらりと並ぶ水簸《すいひ》場。その手前に洗い場と引臼場。右手には、尻を端折ったちょん髷の人夫たちが働く真っ赤な干立場と沈殿池。左手には緑礬蔵と辨柄蔵、山積みの薪置場など。それにローハ俵を運んで来た駄馬と馬子、ベンガラを天秤棒で担ぎ出す人夫も描かれている。

当時の工程は―

焼窯場では①俵詰めのローハをむしろに広げて天日乾燥し、②火を消した土窯の上に棚を設け、ローハを載せ、余熱で無水状態にする。③清水を加えてよく練

江戸期の片山家ベンガラ製造場之図

明治期のベンガラ工場

り、一昼夜置く。④凝固したローハを半紙大に割り、土窯で焼く。⑤これを槌で砕き、素焼き土器の焙烙《ほうろく》に朴葉《ほうば》を敷いて盛る。二〇〇枚を土窯の中に、上下がくっつかないよう、間に〝小ネコ〟をかませて積み上げ、七〇〇度ぐらいで一〇時間ほど本焼きする。窯大工が付きっきりで炎の色、煙の勢いを見守り、松の薪をくべ続ける。亜硫酸ガスが燃えつき、煙が無色透明になると、ローハは焼き上がり、赤変してベンガラになる。陶磁器の絵付けなどに用いる高級品は、低温でじっくり二、三日かけて焼いたという。

水簸場では、①焼窯から取り出したベンガラを、足踏みの唐臼でつき熟《こな》す。②四角形の水簸槽に移し、水を入れ、木くわで撹拌し、粗い粉など不純物を沈殿させ、上水だけを下方の槽へ落とす。③順ぐりに水簸した後、水車が動力（江戸期は人力）の石臼で引き、粒子を細かくする。

洗場では、①これを槽に入れ、谷水を注いで撹拌し、アク（酸）が溶けた上水を捨てる。この脱酸を五〇〜六〇回も繰り返すと、赤色の深みが増し、接着力が強くなる。アクが抜ければ、ベンガラは沈殿が遅くなり、上水に粒子が浮いてくる。

干立場では、①泥状のベンガラを干し板に薄くのばし、棚に並べて日光にさらす。②完全に乾燥したら、バチではたいて箱車に収納。③さらに蓋付きの篩箱に

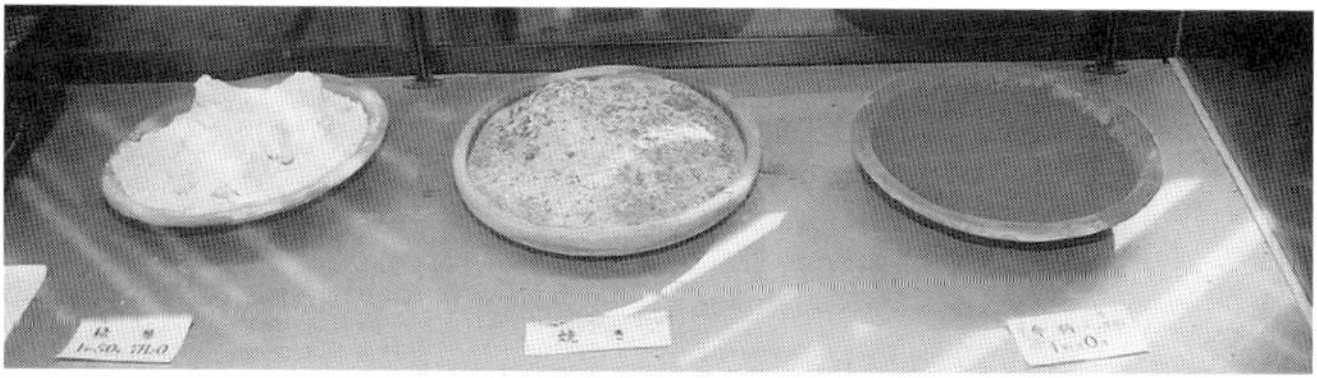

左から　ローハ → 焼きで赤変 → ベンガラ

ローハを焼いた窯　焙烙が詰まっている

三段階に桶が並ぶ水簸場
奥に石臼の歯車

水簸場の外にある水車

水車を回すために谷水を樋でひいている

脱酸する水洗場

ベンガラの干立場

ベンガラを収める箱車

ベンガラの篩箱

通し、運搬箱に入れ、窯元の出荷作業場へ届ける。

吹屋ベンガラは、先人たちが地場の鉱物資源を役立てようと、独自の製法を開発し、手間暇かけて作った文化的産物だった。

館内は石州瓦ぶき、ベンガラ壁の木造建物が配置され、山あいの小公園の様だ。順路を進む。屋根に煙出しが付いた窯場室は、円筒形（径一・八メートル）の土窯が二基あり、ローハを焼いた焙烙が詰まっている。水簸室には三段階に並ぶ水槽、屋外の水車と木製歯車で連動する石臼を設置し、水洗室は脱酸用の水槽などがある。

旧ローハ蔵を再利用した資料室には、明治期に描かれた工程絵図、焼種買入帳などを展示している。長尾佐助商店の辨柄値段表をみると、一貫目（三七五〇グラム）につき、最上の〝公爵〟六円から最低の〝小桜〟三〇銭まで一〇等級もある。吹屋辨柄製造釜元仲間の値上げ広告（明治二十八年〈一八九五〉）には「上製品一割、並製品一割半」と記し、日清戦争後の世相がのぞく。

一方、化学工業会社のベンガラ用途表が掲示されている。

安価で色変わりしない着色顔料として自動車、船舶、機械、樹脂、ゴム製品、アスファルト、コンクリート。フェライトとしてテレビ、ビデオ用部品、磁気切符、テレフォンカード、マイクロモーター用磁石。磁気トナーとしてファックス、乾式複写機。触媒として石油化学合成反応、環境浄化（排水、排ガス）…、あらゆる分野に拡大している。

何とも皮肉なことだが、お土産用の赤、黒弁柄（紙袋六〇〇グラム入り、八〇〇円）は化学工業製。吹屋ベンガラはもう手にできないのだ。

四　栄華をしのぶ「広兼邸」

山腹に築かれた高大な石垣、楼門を構えた白壁の屋敷。高梁市成羽町中野の吹屋ふるさと村駐車場から仰ぎ見る「広兼邸」は、まるで城郭のよう。今も鉱山長者の栄華の跡を残す近世の文化遺産である。

広兼邸は旧中野村大野呂の庄屋だった。二代・元治が小泉銅山（成羽町）と本山鉱山（ローハ製造）の経営に参加し、巨万の富を得て、文化七年（一八一〇）山を切り開いた台地に豪壮な邸宅を建てた。田畑山林を高梁、宇治などに所有し、明治初期には銀行業へ手を広げた。邸と向き合う丘に、個人の天広神社と一家の墓所をつくった。大正三年（一九一四）主屋に離れ座敷を増築した。だが、昭和に入って鉱山の廃止、第二次世界大戦後の農地改革にみまわれ、当主の東京転出で無住状態になった。

昭和五十九年（一九八四）十一月、広兼邸の二階建て主屋、土蔵三棟、楼門、長屋、石垣と天広神社が、旧成羽町の重要文化財（建造物）に指定された。これを機に翌年二月、岡山県は当主から寄付を受け、県郷土文化財団の協力で傷みを修理した後、町(高梁市)観光協会に委託、一般公開している。ボランティアガイドの赤木孝夫さん（七二）は「以前は吹屋と中野を結ぶ一本の道が広兼邸の石垣に

ようこそ広兼邸へ
観光周遊バス

城郭のような広兼邸

長屋の石垣に沿って通路は楼門へ

石垣に置かれた石佛

ほぼ垂直に積み上げられた高大な石垣

二層の楼門　二階は不寝番の部屋

沿って墓所まで通じていた。約一〇〇メートル下に中野小学校（昭和五十七年に吹屋小へ統合）があり、この辺りは子どもの遊び場だった。広兼邸には番頭がひとりでいたが、映画『八つ墓村』のロケがあった昭和五十二年ごろには、空家でだれもいなかった」と語る。

駐車場から、豪邸に向かって左手の通路をのぼる。中程に吹屋への細い旧道が残り、下側の石垣は土に埋まっている。ここから見上げる石垣は高さ約一五メートル。楼門と長屋が並ぶ左半分は、切り出した山石をほぼ垂直に積み上げ、基部の凹みに小さな石佛を祀る。しっくい塀が連なる右半分は、反り上がる石垣の曲線が美しい。

玄関の間
正面に床の間と押し入れ
その上に神棚が並ぶ

玄関の間と客座敷との欄間には美しい透かし彫り

店の間の頑丈なたんす

台所の大黒柱と梁の骨組み

板の間から奥を見通す
二階への吊り階段がある

楼門を入る。二階は不寝番がいた部屋で、城の櫓のように展望がきく。敷地の広さは二五八一平方メートルある。主屋（三二三平方メートル）の一階は、二列八間の構成。表側に右から客座敷、玄関、店の間と控え間が、裏側に主人居間、寝室、居間と料理場が並び、左端に通用口と台所などがある。

各部屋は立ち入り禁止なので、外からのぞく。目につくのは、式台付き玄関の正面に二つ並んだ神棚、客座敷の八百万神名の掛軸、店の間の使い込まれた頑丈なたんすなど。篤信と質実な家風を強く感じた。水琴窟がある庭を挟んで、回廊でつながる離れ座敷は、大正四年（一九一五）当主の結婚式に一度使用されただけという。右手奥に米倉、道具倉がある。

主屋の通用口から土間へ。大釜と三連の竈、ベンガラスを塗った大黒柱、縦横に走る太い梁…。板の間の台所には、鉄瓶をかけた囲炉裏があり、その奥に二階の女中部屋に上がる吊り階段が見える。

主屋の後ろは裏山の岩壁が迫り、片隅に染み出る山水を汲む場があって、水神の小祠をちょこんと置いている。

各棟や軒端の鬼瓦は、家紋入りや獅子頭などの意匠がおもしろい。みそ倉の壁には、日の出と半月、鶴と兎、波をあしらったコテ絵があり、左官のかくれた遊技が微笑ましい。

岩盤からわき出す水を汲む場所

主屋裏の切り立った岩肌
奥に水汲み場がある

みそ倉のコテ絵（左）とおもしろい鬼瓦（右）　職人の技が楽しい

平場に面した長屋は広さ一五三平方メートル。番頭、下男、下女の各部屋と、種コンニャク保存室や子牛小屋、厩、農作業場などがある。厩肥の落とし口を設け、石垣下の通路の取り口から搬出する工夫もみられ、土の生活臭が残っている。

主屋西側の美しいナマコ壁

使用人の部屋、農作業場などがある

広兼邸から見る天広神社（左）と墓所（右）

天広神社境内の衆楽園　かなり荒れている（向こうに広兼邸が見える）

天広神社

対面する丘の天広神社に立ち寄る。広兼家の鎮守で、銅板葺きの社殿と社務所、石造りの鳥居、狛犬、灯ろうがある。衆楽園という築山の庭も付設され、茶会を催したそうだ。五〇メートルほど離れて、練塀に門構えの墓所がある。観光客はほとんど訪れないが、ここから望む広兼邸は、四季折々に色彩が変わる山を額縁として、絵になる景観だと思う。

五　株式会社「西江邸」

成羽町坂本を通る県道脇に、「西江表道」と刻む標柱が立ち、傍らに徒歩一五〇メートルとある。樹林の中の道を行く。右側の崖下から渓流の水音がひびく。四月下旬、緑風が快い。かなりきつい坂だが、上り切ると別天地だった。満開のシダレ桜がゆれる〝花道〟の先方に、赤褐色の石州瓦と白壁が鮮明な建物群が出現する。国登録有形文化財「西江邸」である。

旧成羽町史などによると、西江氏の出自は、関東平氏の三浦氏で、戦国時代は坂本村の有力な地侍だった。当主が大蔵清成のとき、毛利氏の備中松山城攻めで戦功をあげ、下道郡内の二〇〇町歩と感状を与えられた。関ヶ原合戦後、武士を捨てて帰農したという。

江戸期には、幕府天領の坂本村などの大庄屋となり、代官御用所を務め、幕府御用山の本山銅山も経営した。宝暦元年（一七五一）六代の兵右衛門義道が本山で磁硫鉄鉱の坑道を開き、ローハ製造に成功する。吹屋の窯元に良質なローハを供給すると共に、ベンガラ生産を始めた。西江家のベンガラは「本山紅柄」の名称で〝赤の中の赤〟と評価された。明治から大正、昭和にかけて事業は発展し、巨万の富を得た。

現在の豪邸は、宝永・正徳年間（一七〇四―一七一六）に主屋と楼門、門長屋、厩舎などが創建され、享和年間（一八〇一―一八〇四）までに付属の奥座敷、倉庫などが完成した。江戸中期の隆盛を表す文化遺産であり、今も西江氏の居宅になっている。

二層の楼門は、青海波文様に瓦を積み上げた棟に、シャチ瓦が立つ。かつては二階の格子窓から番人が見張っていたのだろう。右側は門長屋で、下部構造の石垣はカギ状に郷倉まで連なる。左側に厩舎があり、御用の早馬や駄馬を管理飼育し、近くに馬場もあった。

前庭の石畳を進むと、主屋の式台が付いた玄関にいたる。代官クラスを迎える表口で、妻飾りに懸魚と木連れ格子を設け、豪壮な鬼瓦のアゲハチョウの定紋が、

赤褐色の瓦屋根と白壁が鮮やかな西江邸

シダレ桜が彩る楼門

権勢を誇っているようだ。

総二層の主屋は、正面一一間（二二メートル）に奥行き五間（九メートル）。床上部分は主にケヤキやサクラ材を、床下部分はクリ材を用い、頑丈な造りである。

玄関より左へ、重厚な佛壇を置く当主の居間、天領や銅山関係の実務を執っていた御用部屋、定紋入り提灯がかかる控えの間が並んでいる。玄関の右側は練塀で、欄間に菱格子をはめ込んだ門から中庭に入る。次の間の庭先は、当主がケンカ、バクチなどの軽犯罪を裁いた〝お白州〟だった。次の間に続く奥座敷は、細部まで造作に凝っている。天井、床柱、長押しなどは渋いベンガラススを塗って木目を浮き出し、ふすまや障子の枠は光沢のある黒漆塗り。来客専用の湯殿もある。赤芽モミジ、葉ウチワモミジなど、歴代当主が丹精して育てた木々の若葉がみずみずしい。

前庭の右手奥にある郷倉をのぞく。文化十一年（一八一四）の二階建て。支配地の上納米を保管し、飢饉に備えて米麦を蓄えた。現在は一階を西江家資料館に改装し、天領や鉱山関係の古文書、代々伝わる生活用具などを展示する。なかでもベンガラを使った九谷焼、伊万里焼、輪島塗器の冴えた赤が目をひく。

主屋の左端に突き出た事務所棟は、大正期の増築で、天井や壁が当時まだ珍しいベニヤ張り。平成十九年（二〇〇七）には松竹映画『釣りバカ日誌18』のロケ

主屋の玄関

御用部屋（左）から当主居間を

中庭への門　入った所が〝お白州〟

控えの間から表側の五室を見通す

西江の「本山紅柄」を入れる包装袋

吹屋ベンガラの赤がひきたつ九谷焼

資料館に利用している郷倉

厩舎棟にある手習い場

大正期に増築された事務所棟

吹屋往来の跡が残る下谷の大塚坂

の川港に送り出される一方、備中北部や備後東部から精錬に必要な木炭と薪、米などの食糧が、成羽から瀬戸内の塩、雑多な日用品が運ばれてくる。吹屋には馬継所があり、活動する駄馬が一〇〇〇頭もいたという。

古くからの鉄の道は、銅とベンガラの道、塩の道に発達した。また、トト（魚）道とも呼ばれ、笠岡から魚仲仕が鮮魚を入れたトト箱を担いで夜に出発、美星・宇戸谷—成羽を駆け抜けて、翌朝には吹屋の得意先へ着いた。文政七年（一八二四）六月に新見藩主が参勤交代の帰途、成羽から吹屋往来を通った記録がある。

明治十八年（一八八五）ごろ、成羽・西枝から羽山—空—窓坂峠を経て吹屋往来につながる新道ができ、荷車が通れるようになった。「吹屋よいとこ金吹く音が　聞こえますぞえ窓坂に」と唄われた。三菱商会の岩崎弥太郎は、岡山から三人引きの人力車で吹屋にやって来たそうだ。

大正十年（一九二一）には、島木川の羽山渓谷を抜けて成羽と宇治を結ぶ道（今の県道三〇〇号線）が、二年がかりで完成した。石灰岩の断崖を開削するのに、工夫たちは命綱で吊り下がり、ノミを打ったといわれる。

宇治—吹屋—坂本の往来は、難所が改修されて、明治中期までに現在の県道八五号線ルートになり、坂本─八鳥間は矢戸から青木峠を越える新ルートにかわった。

昭和三年(一九二八)に伯備線の倉敷─米子が全通し、輸送の主力は鉄道に移る。吹屋の二大産業だった吉岡銅山、本山鉱山が相次いで休山になり、吹屋往来は昭和初期に命脈がほぼ尽きる。今では忘れ去られ、吹屋伝建地区の大塚坂や町並みに、昔日のにぎわいをしのぶだけである。

吹屋往来の起点だった高梁市成羽町古町を訪ねてみる。成羽川の渡し場にはコンクリート造りの総門橋が架かり、堤防はコンクリートで固めた護岸壁が連なる。高瀬舟が集合した舟着場は跡形もなく、さびしい殺風景が広がっている。橋のたもとから上流へ数一〇メートルの民家裏に、傘石の頭が欠落した常夜灯と、小さな社が二つ並んでいた。常夜灯は享和元年(一八〇一)、高瀬舟の船方たちが建立した川港の灯台である。近くに住むお年寄りは「護岸工事のとき、河原にあった金比羅社、木山社といっしょに移設した。昔は船頭が灯りをつけていたが、もう守りする者がいなくなった」。

島木川の合流地に立つと、北方の山腹に東枝集落が見える。吹屋往来の道筋がわからないので、県道三〇〇号線を回って行く。

集落内は、急斜面に建つ家々を縫うように、舗装路がループ状に整備され、吉

成羽川に架かる総門橋
昔は徒歩か舟渡しだった

古町の民家裏にある常夜灯と金比羅社

島木川河口から北の東枝を望む
吹屋往来は川沿いに通っていた

備高原を走る幅七メートルの広域農道に接続している。吹屋とは車で、県道経由よりも便利になった。突然、爆音をひびかせて耕耘機がのぼって来た。六〇代の男性は「吹屋往来？どこを通っていたのか知らんなあ」と素っ気ない。往時茫々、歴史の道は地図から消えていた。

二　延命寺の精進料理

曹洞宗・若杉山延命寺は、下谷集落外れの山中にある。吹屋の檀那寺といわれ、旧成羽町史には「丹波福知山城主・朽木八郎岩国公が開基で、創立は永正二年（一五〇五）二月、開山は全翁玄機和尚。寛政年間（一七八九—一八〇一）に焼失し、文化四年（一八〇七）再建」と記す。始まりは真言か天台宗の密教寺院だったが、廃絶した後、岩国によって再興され、全翁が曹洞宗に改めたのだろう。もともとの本尊・十一面観音菩薩立像は、寄木造り玉眼入りで、六〇年ごとに開帳される秘佛。本堂には曹洞宗の本尊・釈迦如来立像を後ろに安置してある。岩国は元和五年（一六一九）六〇歳で死没。寺の裏山に墓碑の宝篋印塔がある。

「岩国は戦乱で息子二人を失い、追福の旅をする途中、たまたま下谷の橋本屋に宿泊した。一夜の夢のお告げで、山頂に埋まっていた観音像を見つけ、堂宇を建てて祀った」と伝説がある。だが、岩国が福知山城主というのはあやしい。

朽木氏といえば、近江源氏の佐々木氏の支族で、琵琶湖北西の朽木（滋賀県高島市）が本拠。織田信長に仕え、賤ヶ岳合戦などに参加した、寛文九年（一六六九）常陸土浦から福知藩に転封し、明治まで一三代続いた。だが、福知山城郷土資料館の調べで、岩国という城主はいない。

延命寺の山門　大正期に再建

また、開山の全翁玄機は江戸初期、延命寺の本寺である曹洞宗・舟木山洞松寺（矢掛町横谷）から招請したとされる。だが、洞松寺に全翁の名はなく、来寺したのは草外俊芳である。おそらく草外は自ら延命寺の第二世となり、本師と慕う全翁を勧請門山にしたのだろう。

延命寺は近郷の蓮法寺（坂本）、養福寺（宇治）などを末寺におさめ、勢力を拡大する。貞享三年（一六八六）吹屋の銅山を経営する大坂の泉屋（住友）が釣鐘を寄進した＝第二次世界大戦中に共出。地元の鉱山師・大塚家、ベンガラ窯元の片山家、田村家など分限者が檀越になり、盛期は檀家二〇〇〜三〇〇軒あった。山門の傍らに、「北方白石大深講中

本　堂

享保十五年（一七三〇）」と刻銘の手水鉢が残っている。

また、黄金山城の戦いで討ち死にした尼子氏の武将、吉田六郎兼久の位碑が、開山堂にまつられている。兼久の菩提寺だった青源寺が廃絶し、預かったという。

「延命寺は住職手作りの精進料理が人気だ」ときき、予約をして出かけた。

下谷の県道から参道を約五〇〇メートルのぼる。石段上に二層の山門がそびえ立つ。天蓋のような屋根、欄干がめぐる二階の白壁と花頭窓、各所の部材に様ざまな彫り物…。大正五年（一九一六）の再建で、大工のモダンな気風がみられる。

高台にある境内は、すっきりと明るい。

本堂は葺き替えられた屋根瓦が赤茶色に輝き、イチョウの大樹が黄色付き始めている。

穏やかな秋の昼どき。相客の婦人グループは、昭和四十二年（一九六七）に岡山県立公衆衛生看護学校を卒業した第一期生で、寮生活を共にした朋友たち。それぞれ保健士、養護教諭などを定年退職後、年にいちど誘い合わせて一泊旅行を楽しんでいる。今回は福井、香川など県外を含む九人が参加、幹事役の車に分乗して吹屋を訪れた。

客殿には、三の膳に全十二品が用意されていた。食器はすべて黒漆塗り。竹箸入れの紙袋に、食事の五観偈が記してある。二十三世住職の中山純雄さんは気さ

中山住職の説明をきく女性たち

三の膳の精進料理

くな作務衣で、「お堅い作法は抜きにして、気軽に召し上がってください」と笑顔であいさつする。

みそ汁に豆乳入りの呉汁は具だくさんで、ゴマ豆腐は香りが抜群だ。利尻の海藻を調理したおつくり、季節の山の幸が材料の天ぷら、あえもの。大イチョウの結実を使ったギンナン飯…。住職が永平寺で修行中に習得した料理を、みんなおいしくいただいた。

現在の檀家は約七〇軒で、転出による県外在住が増えた。寺で法事のとき、吹屋に仕出し屋がないため、先代の父が精進料理を提供したのが始まり。口コミで評判が広がって、観光バスの団体客も来るようになった。

岩国の墓碑をまつるお堂

開基の岩国について、中山住職は「寺の由緒などを書いた文献はなく、亡父から聞いたことだが…」と前置きして

岩国は毛利氏に仕えた地侍で、尼子氏との戦いにも参加している。関ヶ原合戦で西軍の毛利が敗れ、備後の東城に隠れていたが、一〇年ほど経って相原と姓を変えて帰郷し、この地に堂宇を建て佛道に入ったらしい、という。

寺を出て裏山へ。中腹にお堂があり、「朽木八郎大権現之廟　平成元年三月」と碑が立つ。ガラス戸の奥に小ぶりな宝篋印塔が見える。難病に効く〝八郎さま〟と、今も手厚く信心されている。

三　秋祭りの渡り拍子

十一月三日（文化の日）は、吹屋の氏神さま、高草八幡神社の秋祭り。快晴である。午前九時、下谷の家々は軒端にモミジを飾り、中町などの家並みは紅白の幔幕で装う。観光客の姿はまだ見ないが、町内は華やいでいる。

千枚駐車場の奥、神社入口の一ノ鳥居に、鮮やかな水色の幟がはためく。参道両側は杉やモミ、アラカシ、サカキなどの深い森である。急坂の鳥居二つと随神門をくぐり、二〇〇メートル余りのぼると、銅板で葺いた大社造りの社殿に着く。宮総代らは神輿を庫から出すなど、準備におおわらわ。新見市哲多町から駆けつ

けた宮司の松本幸司さんと応援の臨時神職二人は、装束の着替え中だ。

縁起によると、創立は奈良時代の宝亀二年（七七一）という。吹屋の高草山に勧請され、坂本、矢田羅、中野などの大氏神だった。江戸初期の延宝二年（一六七四）に拝殿で僧が死んだため、移転争いが起こり、備中松山藩の命で現在地に定まった。鉱山隆盛の寛政九年（一七九七）早川正紀代官による敬神崇祖の勧めで社殿を改築した。大正三年（一九一四）には近辺の中野恵美須社、下町秋葉社、大深荒神社などが合祀された。祭神は本来の応神天皇、仲哀天皇、神功皇のほか、大山祇命、金山毘古命など計一一神にのぼる。

午前十時、「神恩万世」と犬養毅の書を彫った扁額がかかる拝殿で、神事が始まった。いつの間にか人々が集まり、祭印の紅白ハッピを着た子どもたちが走り回っている。数えると、幼児も含めて一四人。付き添う母親は「親類から遊びに来た子も参加しているの」と笑う。吹屋で子どもがいっしょに遊ぶのを見たのは初めて。嬉しくて、祭り気分が高まる。

トントコ、トントコ…太鼓の音がだんだんのぼって来る。吹屋渡り拍子保存会の一団である。

渡り拍子は、備中北西部から備後（広島県）にかけて、各地に伝わる秋祭りの民俗芸能だ。男の打ち子四人で「カラ」を組み、太鼓をたたきながら踊る。当日

高草八幡神社の参道入口

拝殿

拝殿が掲げた犬養 毅書の扁額

は神輿渡御を先導する花形だった。そのいわれは、神功皇后が三韓遠征から凱旋されたときの道中楽など諸説ある。

旧成羽町の吹屋、坂本、布寄などにも二〜四組のカラがあった。氏神さまの秋祭りが近くなると、演舞の練習をしたり、花笠の飾りを作ったりして、先輩から後輩へ受け継いできた。

だが、若者の流出が進み、渡り拍子の運営が年ごとに難しくなった。吹屋ではカラが一組に減り、今秋は打ち子の欠員で中止する声も出ていた。幸い、成羽中学校へ通う男子三人が、みんなで打ち子を引き受け、なんとか伝統行事を続けることができた。

神事が終わって、いよいよ渡り拍子の出番だ。打ち子たちは拝殿前に太鼓を置いて勢ぞろい。その出立ちは、黒絣の上衣に赤だすきがけ、紫のカルカン袴をはき、造花を飾った笠に赤黄緑の布をたらす。足にスニーカーというのがおもしろい。

傍らで、ＯＢの保存会員二人が鉦を打ち、呪文のような唄を歌う。「ソーラびっちゅ　さかなん　さかなやし　ソラ…」これに合わせて、打ち子は房付きバチで太鼓をたたきつつ、飛び跳ねるように踊り、太鼓を中心にはげしく回る。ひと楽舞うと、長刀を持った天狗面の猿田彦命役と、獅子頭を操る二人のＯＢたちが登場。向き合って、前後に切り結び、エイヤーッと厄払いをする。一場はわず

渡り拍子の打ち子をつとめる中学生たち

境内に並ぶ大小二基の神輿

千枚西を行く子ども神輿

拝殿前で跳ね踊る打ち子たち

担ぎ手のいない神輿はトラックで巡行（中町で）

千枚東の家並みを行く渡り拍子

か数分だった。

唄の楽詞は、渡御の場面によって違う。以前はカラが多く、競演を派手にくりひろげた。保存会会長の清水好男さん（五四）は『人手不足やら、祭事の時間短縮やらで、渡り拍子も簡略になっている。来年は打ち子をどうするか、果して続けられるのか」と、今から心配顔である。

午前十一時、神輿を小型トラックに積み込んで出発する。氏子の高齢化で担ぎ手はいない。神社下の駐車場から県道を千枚西へ。子どもたちはかわいい神輿の担い棒を持ち、祭うちわを振ってワッショイ、ワッショイ。秋空の下、歓声がはずむ。渡御は千枚東を通った後、いったん下谷まで行き、折り返して下町―中町をめぐる。行く先々のお旅所などで渡り拍子が披露され、出迎えた家主らは祝儀の〝歓び〟を花箱に納める。伝建地区の町並みと、伝統芸能の取り合わせは、カメラの好い被写体である。国際交流ヴィラに宿泊していた外国人らもシャッターを切っていた。

吹屋は穏やかなハレの一日だった。

国際交流ヴィラで宿泊の外国人らも（中町で）

四　長寿日本一の学舎《まなびや》

吹屋町並みの中町三差路を北へ一〇〇メートル余り。S字カーブの緩やかな上り坂を行き、旧銅栄寺下の切り通しを抜ける。と、小高い丘に抱かれた木造校舎が現れる。岡山県指定重要文化財（建造物）の吹屋小学校である。銅とベンガラの生産で栄えた明治後期の建築で、百年を超えて今なお〝現役〟を誇る長寿日本一の学舎なのだ。観光客らは優美な風格に感動し、「現在は児童六人に先生五人」と知って羨望の声あげる。

江戸後期、小学校の場所は吉岡銅山の勘場で、背後地に竪坑と精錬場があり、北方と白石にかけて坑口や鉱夫長屋などが集まっていた。また、丘一つ南側の吹屋往来にベンガラ豪商などの町家が並び、神官や僧侶らが三軒の寺子屋を開いていたという。

明治六年（一八七三）学制公布に基づく小学校が、中町西詰めの民家を借りて創設された。折から、三菱商会は吉岡銅山を買収し、採掘技術と経営の革新に乗り出した。山里にも文明開化の風が吹き込み、子弟教育の気運が高まってくる。当初は擴智小学校といい、同二十三年に村立尋常吹屋小学校と改称し、銅栄寺境内に校舎があった。

同三十一年、分限者らの寄金で吹屋高等小学校が生まれ、三菱商会から移転後の吉岡銅山本部跡を校舎用地に寄付された。村は同三十三年秋、木造平屋建て入母屋造り二一〇平方メートルの東、西校舎を建築し、高等科の教室に充てた。町制後の同十七年、付設・吹屋女学校の木造平屋建て二〇五平方メートルの校舎が北西隅にできた。同四十二年十一月、中央に木造二階建て寄棟造り四二七平方メートルの本館が完成した。

このように建築時の違う校舎群だが、全体の均整がとれている。とくに本館は、岡山県工師・江川三郎八（一八六〇～一九三九）が設計した明治洋風建築の典型と評価される。施工は吹屋在住の鉱山支柱夫・佐藤元三郎が請け負ったという。本館は大正期に、一階の三間廊下（屋内体育場）北側の吹き放しをガラス窓にしたり、玄関にポーチを取り付け、入口の土間を床張りにしたり…と部分改修されている。

在校生は、大正七年（一九一八）に高等科、尋常科合わせて三六九人と最多を数えた。昭和初め学舎西側に、吉岡銅山から譲渡された杉林二六四平方メートルを開拓拡大して運動場ができた。その頃の写真には、子どもたちが万国旗を飾った運動場いっぱいに、マスゲームをくり広げている。が、銅山の衰退で鉱夫らが転出し、昭和十六年（一九四一）に一五〇人を切った。第二次世界大戦後の六三制で、吹屋中学校が西隣の丘に開設された。昭和三十年代の後半から過疎化につれて児童数が減り続け、同五十六

吹屋小学校の全景
中央の本館をはさんで東と西校舎が廊下でつながる

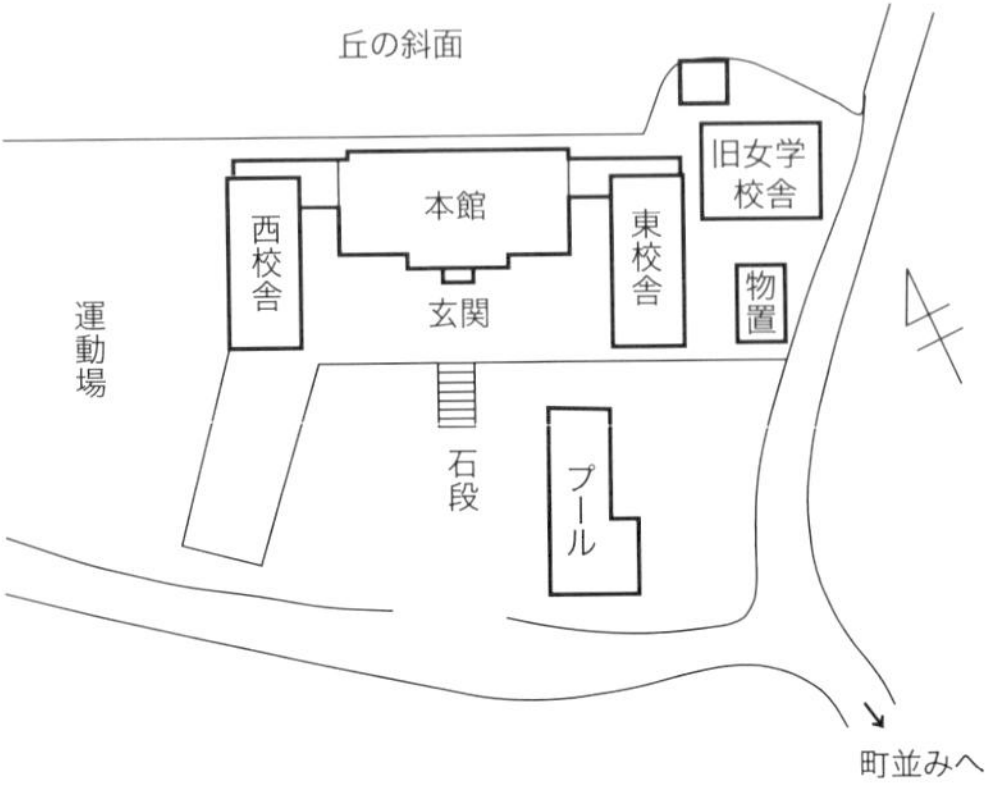

吹屋小学校

年に四〇人、平成十六年（二〇〇一）に一〇人となった。

同二十年春は卒業も新入学も無く、前年と同じ六人のまま。二年生二人と三年生三人、六年生一人の二学級編成である。


周辺は様変わりした。吹屋中学校は昭和六十二年（一九八七）に成羽中学校へ統合され、その跡地に宿泊施設「ラ・フォーレ吹屋」がオープンしている。銅山の竪坑などがあった背後のハゲ山は、松林が再生し、「吹屋ふれあいの森」のキャンプ場、テニスコートなどがある。

吹屋小学校を訪れる。石段脇に建つ百周年記念碑に「一世紀にわたり三千余の児童が学び、今日に至る」と刻まれている。歴史の重みと共に、なつかしい郷愁を感じる。

古い校舎の正面玄関に、木造の半円アーチがあり、しゃれた飾りになっている。一歩中に入ると、使い込まれた床はどこもピカピカだ。左側に校長室と理科室、右側に職員室と集会室（図書室やパソコンルーム、給食ルームなどにも）が並び、その奥が幅五・四メートルの三間廊下で、朝礼や学芸会などを行う。

三間廊下は天井がなく、二階の講堂の床を支える太い大引きなどが露出し、とくに両翼のトラストは、橋梁の構造に似て力感がある。階段を上がって講堂へ。折上げ天井で柱がなく、空間が広々している。演壇横に「…この山里に正しく強く世界に伸びる吹屋の子供」などと墨書した掛軸が三つ並ぶ。今では入学式、始業式など典礼に使用するだけ。児童の立ち入りを禁止し、教育関係団体などの見学は三〇人までに制限している。〝老齢校舎〟の本館には、裏の山側に鉄製の突っかいがしてある。

本館の玄関ポーチ
木造の半円アーチがおしゃれ

　渡り廊下でつながった東校舎には複式の二教室がある。西校舎は戦後に吹屋中学校の仮校舎や公民館に転用され、現在は児童の雨天体育館になっている。吹屋女学校舎はひところ縫製工場に貸していたが、今は倉庫である。

　すでに近隣の中野、坂本両小学校は統合で廃止された。吹屋小学校が無事なのは〝奇跡〟に思う。中山敏美校長は「今のところ、来年春も入学ゼロですが、次年から一人ずつ予定があり、平成二十三年度は児童七人になります。百年以上も使用してきた校舎な

朝礼などを行う三間廊下
二階の床を支えるトラスが露出している

二階の講堂　折上げ天井である

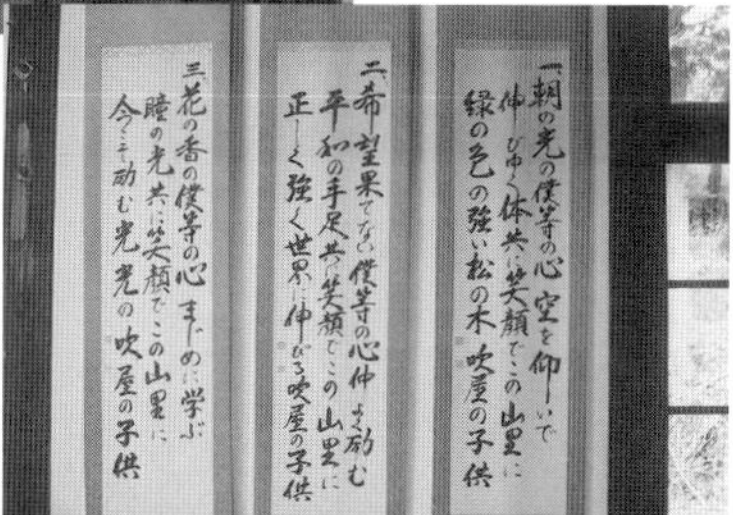

講堂に掲げた掛軸

ので、地震が心配だが、大切に存続させたい。吹屋の子どもが増えるよう願っています」と。

吹屋小学校は伝建地区から少し外れているが、町並みと共に旧鉱山町の歴史的遺産である。しかも、吹屋の将来を担う人づくりの原点であり、その存続は町づ

本館の裏側には鉄製の突っかいがしてある

玄関を入った両側に歴代の版画カレンダーを展示している

くりの活力になっている。

玄関入口の壁面に、二十六年続くＰＴＡの親子手作り「版画カレンダー」が展示してある。昭和五十七年（一九八二）、高学年児童がふるさと意識を高めるために始めた。吹屋の社寺、旧家、風物、暮らしなどをモチーフに、十二ヵ月分のイラストを描き、木版に彫って刷り上げた。児童が減った近年は、ＰＴＡ活動として親子が学校に集まり、みんなで取り組んでいる。近年は親たちが版画作りを分担し、子らは刷りの手伝いをする。版画カレンダーは年末に児童が各戸に届け、印刷物を案内所などで販売している。

外に出ると、全員が花園の手入れ。校長先生も手押し車で腐葉土を運んでいる。ホトトギスの鳴き声が、しきりに聞こえてくる。総合学習は一家だんらんのような、微笑ましい光景である。

総合学習は全員で花壇の手入れ

あとがき

吹屋は、果して「観光」で復活できるのだろうか。

郷土館と笹畝坑道が公開された昭和五十四年は、訪れた観光客が八〇〇〇人だった。広兼邸が加わった同六十一年に五万人を超え、ベンガラ館オープンの同六十二年は八万二〇〇〇人に増え、平成七年は最多の一四万二〇〇〇人を記録した。町並み再生と関連施設の整備に伴って、着実に成果をあげてきた。

平成十年代に入って低迷していたが、同十八年は旧片山家住宅の公開と、吹屋ふるさと村観光周遊バスの運行開始が〝起爆剤〟になって一一万七〇〇〇人に回復。同十九年は一三万三〇〇〇人に伸びた。

運行三年目の周遊バスは、三月から十一月までの土、日曜日と祝日に計八五回で、利用客が一三六六人（前年より二八六人増）だった。そのうち女性が六四%、年齢は五〇~六四歳が四七%、六五歳以上が三一%と多い。また県外客が七九%を占め、兵庫と大阪をはじめ東京、愛知、京都、広島、神奈川など二三道府県に広がっていた。共同企画しているＪＲ西日本の宣伝力で、吹屋の知名度が高くなったのだろう。

珍しい土産物も、おいしい食べ物もない吹屋なのに、どんな魅力があるのか。観光協会吹屋支部に備えた観光客の雑記帳には「日本の古里が大切に保存されているのがすばらしい」「懐かしさと温かさに心が安らぎ、リフレッシュされた」「はるばる訪れてよかった」などと言葉を残している。

吹屋には都会生活で失った郷愁があり、俗化していない〝昔〟にタイムスリップすることもできる。観光客にとって癒しの里だが、地元の切実な思いとはギャップがあるように思う。財閥の住友、三菱が銅山を見捨てて去った後も、地場のベンガラ稼ぎで生き残った吹屋への郷土愛や、過疎化にもめげずに先人の歴史的遺産を再生した誇りは、他所の観光客らにわからないだろう。しかも、ボランティアガイド（現在六人）など長年活動している吹屋の人たちは、みんな高齢になった。後継者難は町並みの空家対策とともに緊急の問題である。

岡山県が町並みの南側に建設する県道バイパス（延長五三八メートル、幅六メートル）は、予算難で工事を中止している。開通すれば、町並みから観光バスなど大型車を締め出して、交通渋滞などが無くなり、家屋も保全されると、地元は大いに期待する。だが、完成は大幅に遅れて二十一年度末の予定という。

吹屋観光の〝目玉〟にもなっている吹屋小学校を、現役として存続できるのか。国の産業遺産に認定された吉岡銅山跡を観光に活用できるのか。これからも「吹屋」

を見守っていこう。

岡山に住んで二〇年。吹屋は岡山県郷土文化財団の研修バスツアーで初めて訪れ、そのときの印象が忘れられずにいた。たまたま新聞一面のコラム欄に「吹屋を関（三重）と大内（福島）の日本三大宿場で売り出すことができれば…」とあるのを見て、あ然とした。吹屋は宿場町ではないのに、三大〇〇と安直にレッテルをはるのはおかしい。独り探訪を思い立った。

二〇〇七年初秋から吹屋通いを始めた。自宅から車で約三時間かかる。行くたびに、新しい発見があり、うれしい出会いに恵まれた。「吹屋の正確なことを取材してください」と、最後のベンガラ窯元だった田村教之さん、町並み保存会会長の小川博さんに励まされ、多くの方々に親身なご教示をいただいた。見聞をまとめるにあたって、心よりお礼を申し上げる。

二〇〇八年六月

前川　満

著者略歴

前川　満（まえかわ・みつる）

1931年生まれ。
1960年朝日新聞社に入り，岡山，大阪社会部，松江，神戸，和歌山などで記者，デスクを務め，福井支局長，大阪本社読書センター室長，企画委員（比叡山と天大の美術展，東大寺秘宝シカゴ展，鑑真和上生誕1300年記念唐招提寺展などを企画・運営）を経て，89年6月から95年2月まで朝日カルチャーセンター岡山社長。

著　書　『倉敷と安養寺』『牛窓を歩く』『備前を歩く』『日生を歩く』『邑久を歩く』『岡山の花ごよみ』

現住所　岡山市福泊 11-7

岡山文庫　255　備中吹屋を歩く

平成20（2008）年10月15日　初版発行
平成28（2016）年12月17日　5版発行

定価（本体860円＋税）

著　者　前　川　　満
発行者　藤　原　英　吉
印刷所　株式会社三門印刷所

発行所　岡山市伊島町一丁目4-23　日本文教出版株式会社
電話岡山(086)252-3175(代)　振替01210-5-4180(〒700-0016)
http://www.n-bun.com/

ISBN978-4-8212-5255-8

• 岡山県の百科事典

二百万人の **岡山文庫**

○数字は絶版

1. 岡山の植物・西原礼之助
2. 岡山の祭と踊・神野力
3. 岡山の焼物・桂又三郎
4. 岡山の古墳・鎌木義昌
5. 岡山の民家・鶴藤鹿忠
6. 岡山の文学碑・山本遺太郎
7. 岡山の仏たち・脇田秀太郎
8. 岡山の動物・松本邦夫
9. 岡山の鳥・杉鮫太郎
10. 大原美術館・藤田慎一郎
11. 岡山後楽園・宗定克則・杉鮫太郎
12. 岡山歳時記・吉岡三平
13. 岡山の建築・巌津政右衛門
14. 瀬戸内海・緑川洋一
15. 岡山の民芸・外村吉之介
16. 吉備路・神野力
17. 岡山の魚・青木五郎
18. 岡山の昆虫・倉敷昆虫同好会
19. 岡山の城と城址・藤井駿・市川俊介
(20.) 岡山の果物・三宅忠一
21. 岡山の風物・岡山県広報協会
22. 吉備の女性・吉岡三平
(23.) 岡山の伝説・立石憲利
24. 岡山の酒・小出巌・西原礼之助
(25.) 岡山の街道・山陽新聞社
26. 岡山の絵画・脇田秀太郎・巌津政右衛門
(27.) 水島臨海工業地帯・平方与平
28. 岡山の旅・岡山県観光連盟
29. 蒜山高原・二若・富国・徳山
30. 岡山の歌謡・英玲二
31. 岡山の遺跡めぐり・間壁忠彦・葭子
32. 備前焼・小山冨士夫・藤原雄・中村昭夫
33. 岡山文学風土記・大岩徳二
34. 美作路・小山健三
35. 岡山の俳句・塩尻青笳・島津青沙
36. 岡山音楽夜話・保田太郎
37. 閑谷学校・巌津政右衛門・坂本一夫
38. 岡山の川柳・弓削川柳社
39. 岡山の民話・岡山民話の会
(40.) 岡山の刀剣・小林種次
41. 岡山の短歌・杉鮫太郎・藤原幾太
42. 岡山の医学・中山沃
43. 岡山の藺草・鈴木尚夫・中村昭夫
(44.) 岡山の人物・黒崎秀明
45. 岡山の駅・難波数丸
46. 岡山の現代詩・坂本明子
47. 岡山の交通・藤沢晋
48. 岡山の教育・秋山和夫
49. 備中神楽・山根堅一・坂本一夫
50. 岡山の民具・鶴藤鹿忠
51. 岡山の宗教・長光徳和
52. 吉備津神社・藤井駿・坂本一夫
53. 岡山の貨幣・原三正
54. 岡山の古戦場・多和和彦
55. 岡山の石造美術・巌津政右衛門
56. 岡山の方言・十河直樹
57. 岡山の歴史・柴田一
58. 岡山事物起源・吉岡三平
59. 高梁川・宗田克巳
(60.) 岡山の干拓・吉岡三平・進昌三
61. 岡山の電信電話・萩野秀
62. 吉備高原・宗田克巳
63. 岡山のおもちゃ・吉永義光
64. 吉井川・宗田克巳
65. 岡山の港・巌津政右衛門
66. 岡山の絵馬と扁額・脇田秀太郎
(67.) 旭川・宗田克巳
68. 岡山の温泉・石井猛・圓堂稔
69. 岡山の県政史・蓬郷巌
70. 岡山の道しるべ・巌津政右衛門
71. 岡山の笑い話・稲田浩二・和子
72. 美作の歌舞伎芝居・二宮朔山

169. 玉島風土記・森脇正之
170. 洋学者箕作阮甫とその一族・木村岩治
171. 夢二郷土美術館・松田基・栖原雄一
172. 岡山のダム・川端定三郎
173. 岡山の森林公園・河原馨
174. 宇田川家のひとびと・水田楽男
175. 岡山の民間療法(下)・鶴藤鹿忠・竹内平吉郎
176. 岡山の温泉めぐり・川端定三郎
177. 阪谷朗廬の世界・山下五樹
178. 目玉の松ちゃん・尾上松之助・中村房吉
179. 吉備ものがたり(上)・市川俊介
180. 中鉄バス沿線・中鉄バス株企画部
181. 飛翔と回帰―国吉康雄の西洋と東洋・小澤善雄
182. 岡山の智頭線・河原馨
183. 出雲街道・片山薫
184. 備中高松城の水攻め・市川俊介
185. 美作の霊場めぐり・川端定三郎
186. 吉備ものがたり(下)・市川俊介
187. 津山の散策にしひがし・黒田晋・竹内平吉郎
188. 倉敷福山と安養寺・前川満
189. 鷲羽山・山本慶一・西田正憲
190. 和気清麻呂・仙田実
191. 岡山たべもの歳時記・鶴藤鹿忠
192. 岡山の源平合戦談・市川俊介
193. 岡山の氏神様・二宮朔山
194. 岡山の乗り物・蓬郷巌
195. 岡山・備前地域の寺・川端定三郎
196. 岡山ハイカラ建築の旅・河原馨
197. 牛《うし》窓《まど》を歩く・前川満
198. 岡山のレジャー地・倉敷ぶんか倶楽部
199. 斉藤真一の世界・斉藤裕重・イシイ省三
200. 巧匠 平櫛田中・原田純彦
201. 総社の散策・神野力・葛原克人・加藤信二
202. 岡山の路面電車・栖原雄一
203. 岡山ふだんの食事・鶴藤鹿忠
204. 岡山のふるさと市・倉敷ぶんか倶楽部
205. 岡山の流れ橋・渡邉隆男
206. 岡山の河川拓本散策・坂本亜紀児
207. 備前を歩く・前川満
208. 岡山言葉の地図・今石元久
209. 岡山の和菓子・太郎良裕子
210. 吉備真備の世界・中山薫
211. 柵原散策・片山薫
212. 岡山の岩石・野瀬重人・沼野忠之
213. 岡山の能・狂言・金関猛
214. 岡山の鏝絵・赤松壽郎
215. 山田方谷の世界・朝森要
216. 岡山おもしろウオッチング・おかやま路上観察学会
217. 岡山の通過儀礼・鶴藤鹿忠
218. 日生を歩く・前川満
219. 備北・美作地域の寺・川端定三郎
220. 岡山の親柱と高欄・渡邉隆男
221. 西東三鬼の世界・小見山輝
222. 岡山の花粉症・三好・難波・岡・岡野・山本
223. 操山を歩く・谷淵陽一
224. おかやま山陽道の拓本散策・坂本亜紀児
225. 霊山熊山・仙田実
226. 岡山の正月儀礼・鶴藤鹿忠
227. 原子物理学の父 仁科芳雄・井上泉・イシイ省三
228. 赤松月船の世界・定金恒次
229. 邑久を歩く・前川満
230. 岡山の宝箱・臼井洋輔・臼井隆子
231. 平賀元義を歩く・渡部秀人・竹内佑宜
232. 岡山の中学校運動場・奥田澄二
233. おかやまの桃太郎・市川俊介
234. 岡山のイコン・植田心壮
235. 神島八十八ヶ所・坂本亜紀児
236. 倉敷ぶらり散策・倉敷ぶんか倶楽部
237. 作州津山 維新事情・竹内佑宜
238. 坂田一男と素描・妹尾克己・イシイ省三
239. 岡山の作物文化誌・臼井英治
240. 児島八十八ヶ所霊場巡り・倉敷ぶんか倶楽部
241. 岡山の花ごよみ・前川満
242. 英語の達人・本田増次郎・小原孝
243. 城下町勝山ぶらり散策・橋本惣司・倉敷ぶんか倶楽部
244. 高梁の散策・朝森要
245. 薄田泣菫の世界・黒田えみ
246. 岡山の動物昔話・立石憲利・江草昭治
247. 岡山の木造校舎・河原馨
248. 玉島界隈ぶらり散策・小野敏也・倉敷ぶんか倶楽部
249. 岡山の石橋・北脇義友
250. 哲西の先覚者・加藤章三
251. 作州画人伝・竹内佑宜
252. 笠岡諸島ぶらり散策・NPO法人かさおか島づくり海社
253. 磯崎眠亀と錦莞莚・吉原睦
254. 岡山の考現学・おかやま路上観察学会
255. 「備中吹屋」を歩く・前川満
256. 上道郡沖新田・安倉清博